© 2021 Holger Schulz

Verlag und Druck:
tredition GmbH, Halenreie 40-44, 22359 Hamburg

ISBN
Paperback: 978-3-347-38049-3
Hardcover: 978-3-347-38050-9
e-Book: 978-3-347-38051-6

Der französische Originaltext Gustave Le Bons erscheint 1895 unter dem Titel „Psychologie des Foules". Die deutsche Übersetzung von Dr. Rudolf Eisler veröffentlicht der Verlag Dr. Werner Klinkhardt in Leipzig im Jahr 1908.

Der Text des vorliegenden Buches folgt der autorisierten Übersetzung der 2. Auflage. Die Originalübersetzung habe ich bearbeitet, sehr behutsam, indem ich die Orthografie den aktuellen Regeln der deutschen Rechtschreibung angepasst habe.

Holger Schulz (Hg.)

Titelbild: Gerd Altmann Pixabay lizenzfrei

Umschlaggestaltung: Simona Jekabsons

Gustave Le Bon

Psychologie der Massen

Gustave Le Bon, ca. 1900

Inhaltsverzeichnis

Vorwort des Herausgebers

Gustave Le Bon (1841 - 1931) ist eine herausragende Gestalt in der Geschichte der Psychologie und der Soziologie, und er beeinflusst wesentlich die französische Politik, das intellektuelle Leben und die Entwicklung der französischen Gesellschaft zur Zeit Ende des 19. Jahrhunderts und Anfang des 20. Jahrhunderts.

Le Bons größte Makel, die vor allem heute, 90 Jahre nach seinem Tod, gerne erwähnt werden, seien hier gleich vorweg herausgestellt: Er ist zum einen ein unabhängiger Denker, der sich nicht scheut, sich im Widerspruch zu breiten gesellschaftlichen Strömungen oder Institutionen, so zum Sozialismus oder zur katholischen Kirche, deutlich zu äußern. Unabhängiges Denken und unkonformistische Meinungen sind (damals und heute) Ausnahmen, die von den an den herrschenden Geist Angepassten nicht geduldet und vehement bekämpft werden.[1]

Zum anderen fehlen in kaum einem Essay oder einer Biografie über Le Bon negativ wertende Feststellungen über seinen Einfluss auf Tyrannen im 20. Jahrhun-

---

[1] „He thinks too much, such men are dangerous", sagt Caesar über Cassius (Er denkt zu viel, solche Männer sind gefährlich). William Shakespeare, „Julius Caesar", 1. Akt, 2. Szene.

dert. Jedoch: Die Hinweise heutiger Moralisten und Besserwisser, dass manche totalitären Gestalten in der Politik, auch Diktatoren übelster Art, so Mussolini, Hitler, Stalin und Mao, dass diese Protagonisten des Schreckens sich von Le Bon haben inspirieren lassen, dürfte ein unvoreingenommener Beobachter nicht Le Bon zuschreiben, der wahrlich nicht für ungezählte Gräuel im 20. Jahrhundert verantwortlich gemacht werden kann. Le Bon ist der nüchterne Analytiker, der vor Diktaturen, rechten wie linken, warnt.

Le Bon hat als promovierter Arzt, Anthropologe und Soziologe seine besondere Aufmerksamkeit dem Verhalten der Menschen gewidmet. In seinem literarischen Schaffen, 43 Werke veröffentlicht er im Laufe seines langen Lebens, nimmt daher die Psychologie einen breiten Raum ein. Zahlreiche Bücher veröffentlicht er unter dem Leitwort „Psychologie".[2]

Le Bon beeinflusst nicht nur die Wissenschaften sondern auch das gesellschaftliche und politische Leben in Frankreich. Zusammen mit dem Psychologen und Phi-

---

[2] Die Psychologie ist Le Bons Hauptthema, während mehrerer Jahrzehnte veröffentlicht Le Bon Bücher zu diesem Thema: „Die psychologischen Grundgesetze der Völkerentwicklung" (1894), „Psychologie des Sozialismus" (1898), „Psychologie der Erziehung" (1902), „Psychologie der Politik" (1910), „Psychologische Lehren des europäischen Krieges" (1915), „Psychologie der neuen Zeit" (1920) und das hier vorliegende Buch „Psychologie der Massen" (1895).

losophen Théodule Ribot begründet Le Bon die wöchentlichen „Déjeuners du Mercredi", Zusammenkünfte verschiedener Intellektueller zum Gedankenaustausch. Einflussreiche Gestalten der damaligen Zeit, wie Raymond Poincaré (mehrfach Ministerpräsident, später Staatspräsident in Frankreich), Paul Valéry (Philosoph), Aristide Briand (mehrfach Ministerpräsident), folgen den Einladungen zum Déjeuner.

Drei zentrale Ereignisse in Frankreich mögen die Sensibilität Le Bons für gesellschaftliche Entwicklungen geschärft haben: Die französische Niederlage im deutsch-französischen Krieg 1870/71 mit dem anschließenden Aufstand der Pariser Kommune, der Aufstieg und die Popularität Georges Boulangers („Général Revanche"), der als Kriegsminister unermüdlich Revanche für den verlorenen Krieg propagiert und die Dreyfus-Affaire, dem politischen (und rassistischen) Skandal, in dessen Verlauf der Offizier Alfred Dreyfus fälschlicherweise des Verrats militärischer Geheimnisse beschuldigt und verurteilt wird. Diese Ereignisse dominieren die französische Politik jahrzehntelang.

Das bekannteste Buch Gustave Le Bons ist das im Jahr 1895 in Paris veröffentlichte Werk „Psychologie der Massen" („La Psychologie des Foules"), das, in viele Sprachen übersetzt, bis heute immer wieder in neuen

Auflagen verbreitet wird.[3] Es ist ein Standardwerk, von dem zahlreiche Sozialwissenschaftler gezehrt haben und manche auch aktuell noch zehren. Die französische Zeitung „Le Monde" hat im Jahr 2009 die „Psychologie der Massen" zu den zwanzig Büchern gezählt, die die Welt verändert haben. Das Buch sei ein herausragendes Geschichtsdokument. NebenLe Bon stehen auf der Liste der Weltveränderer u.a. Darwin, Einstein, Freud, Voltaire, Rousseau, Marx, Engels, Smith und von Clausewitz.

In linken Gesellschafts- und Soziologenkreisen ist Le Bon nicht wohl gelitten, ein Umstand, der weniger an seinen Erkenntnissen in seinem Buch „Psychologie der Massen" liegen dürfte, sondern eher in seinem in den Jahren 1898 und 1902 (in überarbeiteter Form) erschie-

---

[3] Le Bons Hauptwerk, die „Psychologie der Massen" ist auf Deutsch zuerst im Jahr 1908 veröffentlicht worden. Die Übersetzung stammt von Rudolf Eisler, dem österreichischen Philosophen, der als Rudolphe Eisler jahrelang in Paris gelebt hat. Eislers Übersetzung der „Psychologie des Foules" als „Psychologie der Massen" erscheint mir, vielleicht auch nur aus heutiger Sicht, als nicht treffend, weil der Begriff Masse eine bestimmte Assoziation hervorruft, die die Masse als eine amorphe, also ungeordnete, unstrukturierte, ungeformte Menschenmenge determiniert, der gerade nicht psychologische Erkenntnisse und Eigenschaften zugeordnet werden können. Der Begriff Menge erschiene mir wesentlich treffender, weil in der Menge die individuellen Interessen ihrer einzelnen Elemente abgebildet werden und dadurch die Verhaltensweise der Menge prägen. Le Bon verwendet nicht den Begriff „Masses", sondern „Foules", also Menschenmenge. Jedoch hat sich für das französische „Foule" der Begriff Masse durchgesetzt.

nenen Werk „Psychologie des Sozialismus", in dem er kritisch den Sozialismus analysiert.

„Man kann kein Sozialist sein, ohne jemanden oder etwas zu hassen. Sozialisten hassen die momentane Gesellschaft, aber sie hassen sich selbst viel mehr", schreibt Le Bon und fährt fort: „Knechtschaft, Elend und Caesarismus sind die unvermeidlichen Abgründe, zu denen alle sozialistischen Wege führen."[4] Le Bon schließt seine umfangreiche Analyse des Sozialismus und der mit ihm verbundenen Gefahren mit dem Hinweis ab, wie der Sozialismus bekämpft werden könne: „Es ist Aufgabe der Schriftsteller, so gering ihr Einfluss auch sein mag, eine solche Katastrophe im eigenen Land abzuwenden." Le Bon ist durch die geschichtliche Entwicklung in den rund 120 Jahren nach der Veröffentlichung seiner beiden Hauptwerke bestätigt worden. Der Sozialismus hat weltweit Unheil gebracht, der Sozialismus wird immer Unheil bringen.

Das hier vorliegende Buch Le Bons, die „Psychologie der Massen", besticht durch die klare, stringente Darstellung eines Soziologen, der, im Gegensatz zu einigen, oder besser vielen Wissenschaftlern seiner Zunft, seine Sprache so wählt, dass die Leser seiner Darstellung auch ohne soziologische Vorbildung folgen können.

---

[4] Gustave Le Bon: „Psychologie des Sozialismus", Hamburg 2019, S. 364 f.

Le Bon ist verständlich und wird verstanden. Er benennt ohne mäandrierende Umschweife klar, kraftvoll und intellektuell beeindruckend seine Positionen, ohne die heute weit verbreitete Angst, bei empfindlichen Geistern mit seinen Äußerungen auf Missfallen zu stoßen.

Daher ist Le Bon heute „umstritten" („une personalité controversée", französische Wikipedia), so wie missliebige Personen, die nicht den aktuell herrschenden politischen Stereotypen entsprechen, gerne bezeichnet werden. Ein Individualist, Gegner des Egalitarismus und des Kollektivismus, der über Massen schreibt, der die Gefährlichkeit der Massen erkennt, die den Untergang einer Zivilisation befördern, dieser Mensch, der selber friedlich in Ruhe und Ordnung lebt, ist heute bei Vielen verpönt.

Am Rathaus in Marnes-la-Coquette, dem Ort, in dem Le Bon viele Jahre seines Lebens verbracht hat, ist vor längerer Zeit noch, wann, ist nicht mehr zu ermitteln, eine Tafel angebracht worden, auf der Le Bon als Offizier der Ehrenlegion, als Philosoph, Soziologe, Arzt und sogar als Förderer der Atomwissenschaft geehrt wird.[5]

---

[5] „HOMMAGE AU DOCTEUR GUSTVE LE BON, GRAND OFFICIER DE LA LEGION D´HONNEUR, NE A NOGENT LE ROTROU LE 7 MAI 1841, PHILOSOPHE, SOCIOLOGUE, PHYSICIEN, PROMOTEUR DE LA SCIENCE ATOMIQUE. IL A PASSE A MARNES-LA COQUETTE LES PLUS LONGUES ANNEES DE SA VIE, OU IL EST MORT LE 14 DECEMBRE 1931."

In der französischen Wikipedia wird Le Bon nunmehr statt als Wissenschaftler als Amateurwissenschaftler herabgestuft, Philosoph ist er auch nicht mehr, und er wird als rassistischer Theoretiker gebrandmarkt. Und die Frage, ob er tatsächlich Arzt ist oder eher ein Gesundheitsbeamter, dient auch dazu, Le Bon herabzuwürdigen.

Die Stadt Paris hat eine knapp einhundert Meter lange Straße, trist, eng mit Mietskasernen bebaut, mit lediglich einem Baum, keinem Strauch, nach Le Bon benannt. Dies ist schäbig. Zu einer angemessenen Ehrung Le Bons hat die Pariser Stadtverwaltung sich nicht überwinden können.

Bereits einen Tag nach seinem Tod wird das Bild Le Bons in der Presse verfälscht. Er habe an die Zukunft des Sozialismus geglaubt, schreibt der „Figaro" am 15. Dezember 1931 in einem Nachruf, dabei ignorierend, dass Le Bon mit seinem Werk „Psychologie des Sozialismus" eine mehrere hundert Seiten umfassende Untersuchung vorgelegt hat, in der er unter anderem die Konflikte zwischen der Demokratie und dem Sozialismus sowie die Unvereinbarkeit von erfolgreicher Wirtschaft und Sozialismus dargelegt hat.[6] Das letzte Kapitel des Bu-

---

6 „Le Figaro": „Gustave Le Bon est mort", 15. Dezember 1931: „Il croyait beaucoup à l'avenir du socialisme."

ches trägt übrigens die Überschrift: „Wie der Sozialismus bekämpft werden kann."

Allerdings ist der Nachruf im „Figaro" insofern kryptisch, als geschrieben steht, Le Bon habe fest an die Zukunft des Sozialismus geglaubt. Dabei vergisst die Zeitung zu erwähnen, dass er diese Zukunft als trostlos und bedrückend ansieht.

Auch noch Jahrzehnte nach der Veröffentlichung der „Psychologie des Sozialismus", 1898, ist Le Bon davon überzeugt, dass der Sozialismus mit seinem Bestreben nach Gleichheit ein Trugschluss ist: „Der Durst nach Ungleichheit scheint ein nicht nachlassendes Bedürfnis der menschlichen Natur zu sein. Wir wissen, mit welchem Eifer die Konventsmitglieder, die der Guillotine entkamen, Napoleon um Adelstitel ersuchten. Der egalitäre Traum, der sie zu so vielen Massakern geführt hatte, war daher in Wirklichkeit nur ein heftiger Wunsch nach Ungleichheit zu ihrem Vorteil. Darüber hinaus hat die Geschichte übrigens noch kein Land hervorgebracht, in dem Gleichheit herrschte."[7]

Bei der Lektüre seines Buches „Psychologie der Massen" werden die Leser immer wieder auf den Begriff

---

[7] Gustave Le Bon: „Les Incertitudes de l´heure présente", Paris 1923, S. 29
Die Sammlung von Aphorismen hat Le Bon seinem Freund Aristide Briand gewidmet.

Rasse stoßen. In einem Abschnitt des Buches (Zweites Buch, I. § 1)) identifiziert Le Bon unter anderen Faktoren auch die Rasse als Charakteristikum für die Anschauungen und Überzeugungen der Massen und widmet der Rasse dort ein eigenes Kapitel.

Für manche der heutigen Leser dürfte der Begriff der Rasse verstörend wirken. Es erscheint mir wichtig, schon im Vorwort darauf hinzuweisen, dass Le Bon die Rasse nicht als anthropologisches Kennzeichen sieht, sondern unter einer Rasse die jeweils prägenden Elemente einer Masse, ihren Glauben, ihr Verhalten, versteht. Äußerlich zeigten sich die Charakteristika einer Rasse in ihren Glaubenssätzen, ihren Institutionen, ihrer Kunst. Le Bon hat in mehreren seiner Werke umfangreiche Abhandlungen über die Rassen veröffentlicht und dort seine Definition der Rasse ausführlich erläutert.[8]

---

[8] In einem seiner Bücher („Lois psychologiques de l´évolution des peubles", Paris 1895, 2e édition revue) klassifiziert Le Bon die Menschen nach Rassen, allerdings ausschließlich nach psychologischen Kriterien (primitive, niedere, mittlere, höhere Rassen).
Das Leben der Völker werde von wenigen unveränderlichen psychologischen Faktoren beherrscht. Die Intelligenz und das Wissen nähmen zu, aber dennoch würden die Gefühle, Leidenschaften und Illusionen, Hass, Liebe, Ehrgeiz, Habgier und Dünkel unveränderlich seit der Zeit der Höhlenmenschen bleiben. Nur wenig von der Intelligenz beeinflusst, würden die Völker, sagt Le Bon, vor allem von ihrem Rassencharakter geleitet. Der Rassencharakter zeige sich in erblichen Eigenschaften, den Gefühlen, Bedürfnissen, Gewohnheiten und Überlieferungen.

In seinem Buch „Psychologie des Sozialismus"
erläutert Le Bon ausführlich seine Auffassung über Ras-
sen: „Den Begriff der Rasse verstehe ich überhaupt
nicht im anthropologischen Sinne, da seit langem, außer
bei Naturvölkern, reine Rassen fast verschwunden sind.
Bei zivilisierten Völkern gibt es jetzt nur noch das, was
ich an anderer Stelle als ‚historische Rasse' bezeichnet
habe, also jene Rasse, die vollständig durch historische
Ereignisse geprägt ist. Solche Rassen entstehen, wenn
ein Volk, das manchmal aus Menschen sehr unterschied-
licher Herkunft besteht, seit Jahrhunderten ähnliche Le-
bensbedingungen und Lebensweisen, gemeinsame Insti-
tutionen und Überzeugungen sowie eine einheitliche Bil-
dung tradierte. Solange die beteiligten Bevölkerungs-
gruppen nicht zu unterschiedliche Ursprünge haben (...)
verschmelzen sie und erhalten eine nationale Seele, das
heißt ähnliche Gefühle, Interessen und Denkweisen. "[9]

Die heutige Sekundärliteratur kommt in der Regel
nicht ohne Schmähung Le Bons aus. Nicht nur Rassis-
mus wird ihm vorgeworfen, sondern in zeitgemäßer

---

[9] „Psychologie des Sozialismus", a.a.O., S. 123.

22

Absonderlichkeit auch gleich Sexismus und Antisemitismus.[10]

Wer auch immer den Gedenkstein für Gustave Le Bon auf dem Pariser Friedhof Père-Lachaise mit roter Farbe und der Aufschrift „Founder of Racist Theories" und einem eingeritzten Hakenkreuz (als Hakenkreuz in der Darstellung des Jainismus aus dem 5. Jahrhundert vor Christus, nicht des Nationalsozialismus) beschmiert hat, derjenige zeigt, dass er, so er Le Bon überhaupt gelesen, nicht verstanden hat. Le Bon wird mit den Schmierereien unrecht getan.

Le Bons „Psychologie der Massen", hat nach meiner Auffassung vor allem deshalb über viele Jahrzehnte seine herausragende Bedeutung bewahrt, weil Le Bon Hauptströmungen der gesellschaftlichen Entwicklungen bis heute treffend vorausgesehen hat. Er prophezeit in der Einleitung seines Buches, man werde mit einer neuen

---

[10] Beispiele: „Rassentheorie, geschlechtsspezifische Charakterisierung sowie Zuschreibung psychologischer Volksmerkmale sind vom späteren Standpunkt aus pseudowissenschaftlich und für ein tatsächliches Verständnis der psychologischen Abläufe in Massenbewegungen denkbar ungeeignet." Le Bons Aussagen „sind zweifelsfrei als rassistisch und sexistisch zu klassifizieren." (Simone Bigeard: „Ernst Toller - Facetten eines schriftstellerischen Werks zwischen den Weltkriegen", Diss. Karlsruhe 2018, S. 266).

„Modern mob rule, its emotions fed by an irresponsible ‚yellow journalism', also played a role in some psychological studies, which saw in anti-Semitsm a special aspect of Gustave le Bon´s ‚Psychologie des foules'" (Dik van Arke: „The Drawing of the Mark of Cain", Amsterdam 2009, S. 29).

Macht, „mit der Macht der Massen (...) zu rechnen haben." Und die Massen haben Macht.

Le Bon unterstreicht seine Erkenntnisse im Wesentlichen mit Verweisen auf Entwicklungen in Frankreich während und nach der Revolution 1789, dem napoleonischen Zeitalter und den Revolutionen in den Jahren 1830 und 1848 sowie auf Ereignisse der Pariser Kommune 1871.

Um dem heutigen Leser die Zeitlosigkeit der Überlegungen Le Bons zu demonstrieren, habe ich im Anhang zu seinem Werk einzelne Passagen des Buches herausgegriffen und mit heutigen politischen und gesellschaftlichen Entwicklungen in Beziehung gebracht. Ich hoffe, damit die Aktualität Le Bons deutlich machen zu können.

Eine abschließende Anmerkung in diesem Vorwort gilt der deutschen Übersetzung des vorliegenden Buches von Rudolf Eisler. Diese Übersetzung aus dem Jahr 1908 ist dank der ausgefeilten Sprache auch heute noch frisch, unverbraucht und verständlich. Ich habe den Text lediglich nach den Regeln der neueren deutschen Rechtschreibung angepasst und die früher übliche „e"-Endung der maskulinen und neutralen Substantive entfernt. Letzteres ist mir bei manchen Sätzen schwergefallen, wenn die Sprachmelodie ohne „e"-Endung beeinträchtigt wird. Jedoch wirkt der Text nunmehr uns Heutigen zeitgemäßer.

Bemerkenswert erscheint mir, dass die Sprache in dieser Übersetzung nach mehr als einhundert Jahren immer noch aktuell und ansprechend ist. Um den eleganten Sprachstil dieses Buches zu wahren, werde ich, so wie in diesem Vorwort und dem umfangreicheren Nachwort, nicht „gendern", denn damit wird die Sprache schwerfällig, umständlich und vor allem in den unsäglichen Auswüchsen ihrer Redundanz und Doppelformen unverständlich. „Gendern" ist nicht nur hässlich, sondern auch eine Zumutung für den Leser.

Ich werde immer versuchen, der Verhunzung der Sprache entgegenzuwirken.

September 2021

Holger Schulz

PSYCHOLOGIE

DES FOULES

GUSTAVE LE BON

PARIS

ANCIENNE LIBRAIRIE GERMER BAILLIÈRE ET Cⁱᵉ

FÉLIX ALCAN, ÉDITEUR

108, BOULEVARD SAINT-GERMAIN, 108

1895

Erstveröffentlichung „Psychologie des Foules"

Th. Ribot

freundlichst gewidmet.

Gustave Le Bon

Vorwort

Meine frühere Arbeit war der Schilderung der Rassenseele gewidmet. Nunmehr wollen wir die Massenseele studieren.

Der Inbegriff der gemeinsamen Merkmale, welche allen Mitgliedern einer Rasse durch Vererbung zuteil wurden, macht die Seele dieser Rasse aus. Es zeigt sich aber, dass, wenn eine gewisse Anzahl dieser Individuen sich massenweise zum Handeln vereinigt, aus dieser Zusammenkunft als solcher gewisse neue psychologische Eigentümlichkeiten sich ergeben, die zu den Rassenmerkmalen hinzukommen und sich von ihnen zuweilen erheblich unterscheiden.

Zu allen Zeiten haben die organisierten Massen eine wichtige Rolle im Völkerleben gespielt, niemals aber in so hohem Maße wie heutzutage. Die an die Stelle der bewussten Aktivität der Individuen tretende unbewusste Massenwirksamkeit bildet ein wesentliches Kennzeichen der Gegenwart.

Ich habe versucht, das schwierige Problem der Massen in streng wissenschaftlicher Weise zu bearbeiten, also methodisch und unbekümmert um Meinungen, Theorien und Doktrinen. Nur so, glaube ich, kommt man zur Auffindung von Wahrheitselementen, besonders wenn es sich, wie hier, um eine die Geister lebhaft erregende Frage handelt. Der um die Festlegung eines Phänomens bekümmerte Forscher hat sich um die Interessen, die durch seine Feststellungen tangiert werden können, nicht zu sorgen. Ein ausgezeichneter Denker, Goblet d'Alviela, hat in einer seiner Schriften bemerkt, „ich gehöre keiner zeitgenössischen Richtung an und gerate zuweilen in Gegensatz zu gewissen Folgerungen aller dieser Schulen." Hoffentlich verdient die vorliegende Arbeit das gleiche Urteil. Zu einer Schule gehören heißt, deren Vorurteile und Standpunkte annehmen müssen.

Ich muss jedoch dem Leser erklären, warum er mich aus meinen Studien wird Schlüsse ziehen finden, die von denen abweichen, welche auf den ersten Anblick daraus resultieren, indem ich z. B. den außerordentlichen geistigen Tiefstand der Massen konstatiere und dabei doch behaupte, es sei ungeachtet dieses Tiefstandes gefährlich, die Organisation der Massen anzutasten.

Eine aufmerksame Beobachtung der geschichtlichen Tatsachen hat mir nämlich stets gezeigt, dass, da die sozialen Organismen ebenso kompliziert als die anderen Organismen sind, es ganz und gar nicht in unserer Macht steht, sie in brüsker Weise tief gehenden Umwandlungen zu unterwerfen. Nicht selten ist die Natur radikal, aber nicht so, wie wir es verstehen; daher gibt es nichts Traurigeres für ein Volk als die Manie der großen Reformen, so vortrefflich diese Reformen theoretisch erscheinen können. Nützlich wären sie nur dann, wenn es möglich wäre, die Volksseelen plötzlich zu ändern. Die Zeit allein hat diese Macht. Die Menschen werden von Ideen, Gefühlen und Sitten geleitet, von Dingen, die in uns selbst sind. Die Institutionen und Gesetze sind die Offenbarung unserer Seele, der Ausdruck ihrer Bedürfnisse. Von dieser Seele ausgehend, können Institutionen und Gesetze sie nicht ändern.

Das Studium der sozialen Erscheinungen lässt sich nicht von dem der Völker, bei denen sie sich vollzogen haben, trennen. Philosophisch betrachtet, können diese Erscheinungen einen absoluten Wert haben, praktisch aber sind sie nur von relativem Wert.

Man muss demnach bei dem Studium einer sozialen Erscheinung dasselbe Ding nacheinander von zwei sehr verschiedenen Gesichtspunkten betrachten. Wir sehen also, dass die Unterweisungen der reinen Vernunft sehr oft denen der praktischen Vernunft entgegengesetzt sind. Es gibt keine Tatsachen, auch nicht auf physischem Gebiet, worauf diese Unterscheidung sich nicht anwenden ließe. Vom Gesichtspunkt der absoluten Wahrheit sind ein Würfel, ein Kreis unveränderliche geometrische Figuren, welche mittels bestimmter Formeln streng definiert werden. Für den Gesichtssinn können diese geometrischen Gestalten sehr mannigfache Formen annehmen. Die Perspektive kann in Wirklichkeit den Würfel in eine Pyramide oder in ein Quadrat, den Kreis in eine Ellipse oder Gerade verwandeln. Und diese fiktiven Formen sind von viel größerer Bedeutung als die realen Formen, denn es sind die einzigen, welche wir sehen und welche photographisch oder zeichnerisch sich reproduzieren lassen. Das Irreale ist in gewissen Fällen wahrer als das Reale. Es hieße die Natur deformieren und unkenntlich machen, wollte man die Dinge in ihren exakt geometrischen Formen vorstellen. In einer Welt, deren Bewohner die Dinge nur, ohne sie berühren zu können, zu kopieren oder zu photographieren vermöchten, würde man nur sehr schwer zu einer exakten Vorstellung ihrer Form gelangen. Und die Kenntnis dieser Form, die nur einer geringen Anzahl von Gelehrten zugänglich wäre, würde nur ein sehr schwaches Interesse erwecken.

Der Philosoph, der die sozialen Erscheinungen studiert, muss sich vor Augen halten, dass dieselben neben ihrem theoretischen auch einen praktischen Wert haben und dass der letztere vom Gesichtspunkte der Kulturentwicklung der einzig bedeutsame ist. Dies muss ihn gegenüber den Folgerungen, welche die Logik ihm zunächst darzubieten scheint, sehr auf der Hut sein lassen.

Zu solcher Reserve veranlassen ihn noch andere Beweggründe. Die Kompliziertheit der sozialen Tatsachen ist eine solche, dass man sie nicht in ihrer Gesamtheit umfassen und die Wirkungen ihrer wechselseitigen Beeinflussung voraussagen kann. Auch scheinen sich hinter den sichtbaren Tatsachen oft tausende unsichtbare Ursachen zu verbergen. Die sichtbaren sozialen Tatsachen scheinen die Resultante einer riesigen unbewussten Arbeit zu sein, die nur zu oft unserer Analyse unzugänglich ist. Die wahrnehmbaren Phänomene lassen sich den Wogen vergleichen, welche der Oberfläche des Ozeans die unterirdischen Erschütterungen mitteilen, deren Sitz er ist und die wir nicht kennen. In der Mehrzahl ihrer Handlungen bekunden die Massen zumeist eine absonderlich niedrige Geistigkeit; aber in anderen Handlungen scheinen sie von jenen geheimnisvollen Kräften geleitet, welche die Alten Schicksal, Natur, Vorsehung hießen, die wir die Stimmen der Toten nennen und deren Macht wir nicht verkennen können, so unbekannt uns auch ihr Wesen ist. Oft scheint es, als ob im Schoß der Völker latente Kräfte stecken, die sie leiten. Was gibt es z. B. Komplizierteres, Logischeres, Wunderbareres als eine Sprache? Und woher anders entspringt dennoch dieses so wohl organisierte und subtile Ding als aus der unbewussten Massenseele? Die gelehrtesten Akademien registrieren nur sorgfältig die Gesetze dieser Sprachen, konnten sie aber nicht schaffen. Selbst die genialen Ideen der großen Männer, wissen wir sicher, ob sie ausschließlich deren Werk sind? Gewiss sind sie stets Produkte einzelner Geister, aber die tausenden Staubkörner, welche den Boden zur Keimung dieser Ideen bilden, hat nicht die Massenseele sie erzeugt?

Ohne Zweifel sind die Massen stets unbewusst; aber dieses Unbewusste selbst ist vielleicht eines der Geheimnisse ihrer Kraft. In der Natur vollbringen die nur aus Instinkt wirkenden Wesen Handlungen, deren wunderbare Kompliziertheit uns staunen lässt. Die Vernunft ist für die Menschheit noch zu neu und unvollkommen, um uns die Gesetze des Unbewussten zu enthüllen und besonders um dieses zu ersetzen. In allen unseren Handlungen ist der Anteil des Unbewussten ungeheuer, der der Vernunft sehr klein. Das Unbewusste wirkt wie eine noch unbekannte Kraft.

Wollen wir uns also in den engen, aber sicheren Grenzen der wissenschaftlich erkennbaren Dinge halten und nicht auf dem Feld vager Vermutungen und nichtiger Hypothesen umherirren, dann müssen wir einfach die uns zugänglichen Phänomene feststellen und uns damit begnügen. Alle aus unseren Beobachtungen gezogene Folgerung ist meist vorzeitig, denn hinter den wahrgenommenen Erscheinungen gibt es solche, die wir schlecht sehen und vielleicht hinter den letzteren noch andere, die wir überhaupt nicht gewahren.

Einleitung

Die Ära der Massen

Die großen Erschütterungen, welche, wie der Fall des Römischen Reiches und die Begründung der arabischen Herrschaft, den Kulturveränderungen vorangehen, scheinen auf den ersten Anblick besonders durch bedeutsame politische Veränderungen bestimmt zu sein: durch Völkerinvasionen oder durch Sturz von Dynastien. Eine genauere Untersuchung dieser Ereignisse zeigt aber, dass sich zumeist hinter deren augenfälligen Ursachen als wirkliche Ursache eine tiefgehende Modifikation in den Ideen der Völker findet. Nicht jene, die uns durch ihre Größe und Heftigkeit verwundern, sind die wahren historischen Erschütterungen.

Die einzigen Veränderungen von Bedeutung, jene, aus welchen die Erneuerung der Kulturen fließt, vollziehen sich auf dem Gebiet der Ideen, der Gedanken und Glaubensinhalte. Die bemerkenswerten Ereignisse der Geschichte sind die sichtbaren Wirkungen der unsichtbaren Veränderungen des menschlichen Denkens. Wenn diese großen Ereignisse so selten stattfinden, so hat das seinen Grund darin, dass es nichts Stabileres in einer Rasse gibt, als das Erbgut ihrer Gedanken.

Das gegenwärtige Zeitalter bedeutet einen jener kritischen Momente, in denen das menschliche Denken sich umzubilden im Begriff ist.

Dieser Umwandlung liegen zwei Hauptfaktoren zugrunde. Erstens die Zerstörung der religiösen, politischen und sozialen Überzeugungen, aus denen alle Elemente unserer Zivilisation entspringen. Zweitens die Schaffung völlig neuer Existenz- und Denkbedingungen infolge der neuen Entdeckungen der Wissenschaft und der Industrie.

Da die Ideen der Vergangenheit, obwohl halb zerstört, noch sehr mächtig sind, und die Ideen, die sie ersetzen sollen, erst in der Bildung begriffen sind, so stellt die moderne Zeit eine Periode des Überganges und der Anarchie dar.

Was aus dieser notgedrungen etwas chaotischen Periode einmal entspringen wird, ist nicht leicht zu sagen. Auf welchen Grundideen werden sich die künftigen Gesellschaften aufbauen? Wir wissen es noch nicht. Schon jetzt aber sehen wir, dass sie bei ihrer Organisation mit einer neuen Macht, der letzten Herrscherin der Gegenwart, zu rechnen haben werden: mit der Macht der Massen. Auf den Ruinen so vieler einst für wahr gehaltener und jetzt toter Ideen, so vieler Mächte, die durch Revolutionen nach und nach gebrochen worden sind, hat diese Macht allein sich erhoben und scheint bald die anderen absorbieren zu wollen.

Während alle unsere alten Glaubenssatzungen schwanken und verschwinden und die alten Gesellschaftsstützen eine nach der anderen einstürzen, ist die Macht der Massen die einzige Kraft, die durch nichts bedroht wird und deren Ansehen nur wächst. Das Zeitalter, in das wir eintreten, wird in Wahrheit die *Ära der Massen* sein.

Vor kaum einem Säkulum bestanden die Hauptfaktoren der Ereignisse in der traditionellen Politik der Staaten und in den Rivalitäten der Fürsten. Die Meinung der Massen zählte wenig oder meist gar nicht. Heute zählen die politischen Traditionen, die individuellen Tendenzen der Herrscher und deren Rivalitäten nichts mehr, während im Gegenteil die Volksstimme das Übergewicht erlangt hat. Sie diktiert den Königen ihr Verhalten, und sie ist es, die diese zu vernehmen streben. Nicht mehr in den Fürstenberatungen, sondern in den Seelen der Massen bereiten sich die Völkerschicksale vor.

Der Eintritt der Volksklassen in das politische Leben, das heißt in Wahrheit ihre progressive Umwandlung zu leitenden Klassen, ist eines der einschneidendsten Kennzeichen der Übergangszeit. Dieser Eintritt wurde nicht durch das allgemeine Stimmrecht, das lange Zeit so wenig einflussreich und anfangs so leicht zu lenken war, markiert.

Die progressive Geburt der Massenmacht entstand zuerst durch die Verbreitung gewisser Ideen, die langsam von den Geistern Besitz ergriffen, dann durch die allmähliche Assoziation der Individuen zur Verwirklichung der theoretischen Anschauungen. Die Assoziation ist es, wodurch die Massen sich, wenn auch nicht sehr richtige, so doch wenigstens sehr bestimmte Ideen von ihren Interessen gebildet und das Bewusstsein ihrer Kraft erlangt haben.

Sie gründen Syndikate, vor welchen der Reihe nach alle Machtfaktoren kapitulieren, Arbeitsbörsen, die, allen Wirtschaftsgesetzen zum Trotz, die Bedingungen der Arbeit und des Lohnes zu regeln suchen. Sie entsenden in die Parlamente Abgeordnete, denen alle Initiative, alle Unabhängigkeit fehlt und die oft nur die Wortführer der Ausschüsse sind, von denen sie gewählt wurden.

Heute werden die Ansprüche der Massen immer deutlicher und laufen auf nichts Geringeres hinaus, als auf den gänzlichen Umsturz der gegenwärtigen Gesellschaft, um sie jenem primitiven Kommunismus zuzuführen, der vor dem Beginn der Zivilisation der normale Zustand aller menschlichen Gruppen war.

Begrenzung der Arbeitszeit, Expropriation der Minen, Eisenbahnen, Fabriken und des Bodens, gleiche Verteilung aller Produkte, Ausmerzung aller oberen Klassen zugunsten der Volksklassen usw. - das sind diese Ansprüche.

Die Massen sind für das Räsonnieren wenig, desto mehr aber für das Handeln geeignet. Durch ihre Organisation ist ihre Kraft ins Ungeheure gestiegen. Die Dogmen, die wir auftauchen sehen, werden bald die Macht der alten Dogmen besitzen, das heißt die tyrannische und herrische Kraft, welche sich aller Diskussion entzieht. Das göttliche Recht der Massen wird das göttliche Recht der Könige ersetzen.

Die Lieblingsschriftsteller unserer jetzigen Bourgeoisie, jene, welche am besten deren ein wenig beschränkte Ideen, deren etwas kurzsichtige Ansichten, deren etwas summarischen Skeptizismus und oft exzessiven Egoismus darstellen, geraten völlig vor der neuen Macht, die sie heranwachsen sehen, in Verwirrung und richten, um die Verwirrung der Geister zu bekämpfen, einen verzweifelten Appell an die sittlichen Kräfte der Kirche, die sie einst so gering schätzten. Sie sprechen vom Bankrott der Wissenschaft und erinnern uns, als reuige Büßer aus Rom kommend, an die Lehren der geoffenbarten Wahrheiten. Aber diese Neubekehrten vergessen, dass es zu spät ist. Hat die Gnade sie wirklich berührt, so hat sie doch nicht die gleiche Macht über die Seelen, die sich um die Besorgnisse, welche diese neuen Frommen quälen, nicht bekümmern. Die Massen wollen heute nicht die Götter, welche jene selbst gestern nicht mochten und zu deren Fall sie beigetragen haben. Es liegt nicht in der Macht der Götter oder der Menschen, die Flüsse zu ihren Quellen zurückfließen zu lassen.

Die Wissenschaft hat mitnichten Bankrott gemacht und hat nichts mit der gegenwärtigen Anarchie der Geister oder mit der neuen Macht, die in deren Schoß emporwächst, zu tun. Sie hat uns die Wahrheit oder wenigstens die Erkenntnis der unserer Intelligenz zugänglichen Beziehungen verheißen, nie aber Frieden und Glück. Mit souveräner Gleichgültigkeit gegenüber unseren Gefühlen, hört sie nicht unsere Klagen. An uns ist es, mit ihr zu leben zu suchen, da nichts die Illusionen wiederbringen kann, die sie verjagt hat.

Allgemeine Symptome, die bei allen Nationen ersichtlich sind, zeigen uns das rapide Anwachsen der Macht der Massen und verbieten uns die Annahme, diese Macht werde bald aufhören zu wachsen. Was sie auch bringe, wir werden es ertragen müssen. Alles Gerede dagegen ist nur leerer Wortschwall. Gewiss, vielleicht bedeutet das Heraufkommen der Massen eine der letzten Etappen der Zivilisationen des Okzidents, die völlige Rückkehr zu jenen Perioden verworrener Anarchie, die allezeit dem Aufsteigen einer neuen Gesellschaft voranzugehen scheinen; aber wie wollen wir es hindern?

Bisher haben diese großen Zerstörungen der zu alten Zivilisationen die klarste Rolle der Massen ausgemacht. Nicht bloß heutzutage tritt diese Rolle in der Welt auf. Die Geschichte lehrt uns, dass in dem Augenblick, da die moralischen Kräfte, auf denen eine Zivilisation beruhte, ihre Herrschaft verloren haben, die letzte Auflösung von jenen unbewussten und rohen Massen, welche recht gut als Barbaren gekennzeichnet werden, bewerkstelligt wird. Bisher wurden die Zivilisationen stets nur von einer kleinen intellektuellen Aristokratie geschaffen und geleitet, niemals von den Massen. Die Massen haben nur Kraft zur Zerstörung. Ihre Herrschaft bedeutet stets eine Phase der Barbarei. Eine Zivilisation setzt feste Regeln, eine Disziplin, den Übergang des Instinktiven zum Vernunftmäßigen, die Voraussicht der Zukunft, einen hohen Kulturgrad voraus, Bedingungen, welchen die sich selbst überlassenen Massen niemals zu entsprechen vermochten. Vermöge ihrer bloß zerstörerischen Macht wirken sie gleich jenen Mikroben, welche die Auflösung der geschwächten Körper oder der Leichname zu Ende führen. Ist das Gebäude einer Zivilisation wurmstichig geworden, so sind es stets die Massen, welche dessen Zusammensturz herbeiführen. Jetzt tritt ihre Hauptfunktion zutage, und die Philosophie der Menge erscheint für einen Augenblick als die einzige Philosophie der Geschichte.

Wird es mit unserer Zivilisation sich ebenso verhalten? Wir können es befürchten, aber noch nicht wissen.

Wie immer es sein mag, wir müssen uns bescheiden, die Herrschaft der Massen zu ertragen, da der Voraussicht bare Hände allmählich alle Schranken, die sie zurückhalten konnten, umgestürzt haben.

Wir kennen diese Massen, von denen man jetzt so viel spricht, sehr wenig. Die Psychologen von Fach, welche entfernt von ihnen lebten, haben sie stets ignoriert und sich mit ihnen dann nur in Bezug auf die Verbrechen, zu denen sie fähig sind, beschäftigt. Zweifellos gibt es kriminelle Massen, aber auch tugendhafte, heroische und andere Massen. Die Massenverbrechen bilden nur einen Sonderfall ihrer Psychologie, und wenn man bloß die Verbrechen der Massen studiert, so kennt man deren geistige Beschaffenheit nicht besser, als jene eines Individuums, dessen Laster man bloß studiert.

Seien wir aber gerecht: Alle Herren der Erde, alle Religions- und Reichsstifter, die Apostel aller Glaubensrichtungen, die hervorragenden Staatsmänner und, in einer bescheideneren Sphäre, die einfachen Häupter kleiner menschlicher Gemeinschaften waren stets unbewusste Psychologen mit einer instruktiven und oft sehr sicheren Kenntnis der Massenseele; weil sie diese gut kannten, wurden sie so leicht die Herren. Napoleon erfasste wunderbar das Seelenleben der Massen des Landes, das er beherrschte, aber er verkannte oft völlig die Seele der fremden Rassen angehörenden Massen,[11] und deshalb unternahm er - in Spanien und in Russland namentlich - Kriege, in denen seine Macht Stöße erlitt, durch die sie bald niedergehen sollte.

Die Kenntnis der Massenpsychologie ist heute die letzte Zuflucht des Staatsmannes, der nicht etwa sie regieren, - das ist zu schwierig geworden - aber wenigstens nicht zu sehr von ihnen regiert werden will.

Nur mittelst einer Vertiefung der Massenpsychologie versteht man, wie wenig Einfluss Gesetze und Institutionen auf die Massen haben, wie unfähig sie zu Meinungen außer jenen, die ihnen eingeflößt wurden, sind; dass man sie nicht mit Regeln, welche auf rein theoretischer Billigkeit beruhen, sondern nur mittelst dessen, was auf sie Eindruck macht und sie verführt, leitet.

Will z. B. ein Gesetzgeber eine neue Steuer auflegen, soll er jene, die theoretisch die gerechteste ist, wählen? Keine Spur. Die Ungerechteste kann praktisch für die Massen die beste sein. Ist sie zugleich die Unauffälligste und als leichteste Erscheinende, dann wird sie auf das Leichteste durchgehen. Auf diese Weise wird eine noch so große indirekte Steuer allezeit von der Masse angenommen werden, weil sie, für Konsumartikel pfen-

---

[11] Übrigens verstanden sich seine klügsten Ratgeber nicht besser darauf. Talleyrand schrieb ihm, Spanien würde seine Soldaten als Befreier empfangen. Es empfing sie wie Raubtiere. Ein mit den erblichen Instinkten der Rasse vertrauter Psychologe hätte diesen Empfang leicht voraussehen können.

nigweise täglich entrichtet, die Gewohnheiten nicht hindert und beeinflusst. Man setze an ihre Stelle nur eine den Löhnen oder anderen Einkommen proportionale, auf einmal zu entrichtende Steuer, mag diese theoretisch auch zehnmal weniger hart als die andere sein, so wird sie einstimmige Proteste erregen. An Stelle der unfühlbaren Pfennige eines jeden Tages tritt in Wirklichkeit eine relativ hohe Geldsumme, welche an dem Zahltag riesig und folglich sehr eindrucksvoll erscheinen wird. Sie würde als gering nur dann erscheinen, wenn sie Pfennig für Pfennig zur Seite gelegt worden wäre; aber dieses wirtschaftliche Gebaren stellt ein Maß von Voraussicht dar, dessen die Massen unfähig sind.

Dieses Beispiel ist eines der einfachsten, die Richtigkeit desselben ist leicht einzusehen. Einem Psychologen, wie Napoleon es war, ist sie nicht entgangen, aber die Gesetzgeber, welche die Massenseele nicht kennen, vermögen sie nicht zu bemerken. Die Erfahrung hat ihnen nicht genug dargetan, dass die Menschen sich niemals nach den Vorschriften der reinen Vernunft verhalten.

Noch viele andere Anwendungen ließen sich von der Massenpsychologie machen. Die Kenntnis derselben wirft das hellste Licht auf eine große Menge historischer und ökonomischer Erscheinungen, die ohne sie völlig unverständlich bleiben. Ich werde Gelegenheit haben zu zeigen, dass, wenn der hervorragendste moderne Historiker, Taine, die Ereignisse der großen Revolution zuweilen so unvollkommen verstanden hat, dies darin seinen Grund hat, dass er niemals an die Erforschung der Massenseele gedacht hat. Er hat sich bei dem Studium dieser komplizierten Periode der beschreibenden Methode der Naturwissenschaft bedient; aber unter den Erscheinungen, welche den Gegenstand der Naturforschung bilden, finden sich die geistigen Kräfte nicht. Diese aber sind es eigentlich, welche den wahren Bereich der Geschichte bilden.

Schon im Hinblick auf ihre praktische Seite verdient demnach die Massenpsychologie in Angriff genommen zu werden, aber auch, wenn sie nur ein rein theoretisches Interesse darböte. Es ist ebenso interessant, die Triebfedern der menschlichen Handlungen zu enträtseln, als ein Mineral oder eine Pflanze zu beschreiben.

Unsere Studie der Massenseele wird nur eine kurze Synthese, ein einfaches Resümee unserer Untersuchungen bieten können. Man darf von ihr nicht mehr als einige anregende Gesichtspunkte verlangen. Andere werden das Gebiet weiter bearbeiten. Heute ist es noch ein jungfräulicher Boden, den wir beackern.[12]

---

[12] Die wenigen Autoren, die sich mit dem psychologischen Studium der Massen abgaben, haben sie, wie gesagt, nur in kriminologischer Hinsicht untersucht. Da ich diesem Gegenstand nur ein kurzes Kapitel dieses Werkes gewidmet habe, so verweise ich den Leser hinsichtlich dieses Spezialgebietes auf die Arbeiten von Tarde und die Schrift von Sighele: „Die kriminellen Massen". Letztere Arbeit enthält keinen einzigen originellen Gedanken, gibt aber eine Zusammenstellung von Tatsachen, die der Psychologe verwerten kann. Übrigens sind meine Folgerungen betreffs der Kriminalität und Moralität der Massen jenen der von mir genannten Autoren durchaus entgegengesetzt.

(Fortsetzung Fußnote 12):

In meiner Schrift „Die Psychologie des Sozialismus" findet man einige Folgerungen aus den die Massenpsychologie beherrschenden Gesetzen. Diese Gesetze finden übrigens auf den verschiedensten Gebieten Anwendung. Der Direktor des Königlichen Konservatoriums in Brüssel, A. Gevaert, hat kürzlich von den Gesetzen, die ich in einer musikalischen Abhandlung darlegte - er nennt die Musik treffend eine „Massenkunst" - eine bemerkenswerte Anwendung gemacht. „Ihre beiden Werke", schrieb mir dieser ausgezeichnete Lehrer bei Übersendung seiner Arbeit, „haben mir die Lösung eines von mir früher als unlöslich betrachteten Problems geboten: die erstaunliche Eignung jeder Masse, ein neues oder altes, einheimisches oder fremdes, einfaches oder zusammengesetztes Tonstück zu empfinden, vorausgesetzt, dass es schön gespielt wird und dass die Musiker einen begeisterten Dirigenten haben." Herr Gevaert zeigt vortrefflich, warum ein Werk, welches von ausgezeichneten Musikern bei Durchsicht der Partitur in der Einsamkeit ihrer Stube unverstanden blieb, oft von einem jeder technischen Kultur unkundigen Auditorium ohne weiteres erfasst wird. Ebenso gut zeigt er, weshalb diese ästhetischen Eindrücke spurlos verlaufen.

Erstes Buch

Die Massenseele

1. Kapitel

Allgemeine Charakteristik der Massen

Das psychologische Gesetz ihrer geistigen Einheit

Im gewöhnlichen Wortsinn bedeutet Masse eine Vereinigung irgendwelcher Individuen von beliebiger Nationalität, beliebigem Beruf und Geschlecht und beliebigem Anlass der Vereinigung.

Vom psychologischen Gesichtspunkt bedeutet der Ausdruck „Masse" etwas ganz anderes. Unter bestimmten Umständen und bloß unter diesen besitzt eine Ansammlung von Menschen neue Merkmale, ganz verschieden von denen der diese Gesellschaft bildenden Individuen. Die bewusste Persönlichkeit schwindet, die Gefühle und Gedanken aller Einheiten sind nach derselben Richtung orientiert. Es bildet sich eine Kollektivseele, gewiss transitorischer Art, aber von ganz bestimmtem Charakter. Die Gesamtheit ist nun das geworden, was ich mangels eines besseren Ausdrucks als organisierte Masse oder, wenn man lieber will, als psychologische Masse bezeichnen werde. Sie bildet ein einziges Wesen und unterliegt dem *Gesetz der geistigen Einheit der Massen.*

Augenscheinlich ist es nicht der Umstand allein, dass viele Individuen sich zufällig zusammenfinden, wodurch sie die Eigenschaften einer organisierten Masse annehmen. Tausend zufällig auf einem öffentlichen Platz vereinigte Individuen ohne bestimmten Zweck bilden keineswegs eine Masse im psychologischen Sinne. Zur Erlangung der speziellen Merkmale dieser gehört der Einfluss gewisser Reize, deren Wesen wir zu bestimmen haben.

Das Schwinden der bewussten Persönlichkeit und die Orientierung der Gefühle und Gedanken nach einer bestimmten Richtung, welches die ersten Merkmale der sich organisierenden Masse bildet, erfordert nicht immer die gleichzeitige Anwesenheit mehrerer Individuen an einem einzigen Ort. Tausende getrennte Individuen können in gewissen Momenten unter dem Einfluss gewisser heftiger Gemütsbewegungen, etwa eines großen nationalen Ereignisses, die Merkmale einer psychologischen Masse gewinnen. Es braucht dann nur ein Zufall sie zu vereinigen, damit ihre Handlungen sogleich die spezifischen Merkmale der Massenhandlungen annehmen. In gewissen Momenten kann ein halbes Dutzend Menschen eine psychologische Masse konstituieren, während Hunderte zufällig vereinigter Menschen sie nicht konstituieren können. Andererseits kann ein ganzes Volk ohne sichtbare Zusammenscharung unter dem Einfluss gewisser Faktoren zu einer Masse werden.

Hat sich eine psychologische Masse gebildet, so erwirbt sie provisorische, aber bestimmbare allgemeine Merkmale. Diesen gesellen sich besondere Merkmale veränderlicher Art hinzu, je nach den Elementen, aus denen die Masse sich zusammensetzt und durch welche deren geistige Struktur modifizierbar ist.

Die psychologischen Massen sind also einer Klassifikation zugänglich, und wir werden, bis wir zu einer solchen gelangen, sehen, dass eine heterogene, d. h. aus ungleichartigen Elementen zusammengesetzte Masse, mit den homogenen, d. h. aus mehr oder minder ähnlichen Elementen zusammengesetzten Massen (Sekten, Kasten, Klassen) Merkmale gemein haben und außerdem noch Besonderheiten aufweisen, durch die sie sich voneinander unterscheiden lassen.

Bevor wir uns aber mit den verschiedenen Kategorien der Masse befassen, müssen wir zuerst die allen gemeinsamen Merkmale untersuchen. Wir werden gleich dem Naturforscher vorgehen, der mit der Beschreibung der allgemeinen Merkmale, welche allen Individuen gemein sind, beginnt, bevor er sich mit den besonderen Merkmalen befasst, welche die Unterscheidung der Gattungen und Arten dieser Familie ermöglichen.

Die genaue Schilderung der Massenseele ist nicht leicht, weil ihre Organisation nicht bloß je nach Rasse und Zusammensetzung der Gesamtheiten variiert, sondern auch je nach der Natur und dem Grade der Anreize, denen diese Gesamtheiten unterliegen. Aber dieselbe

Schwierigkeit besteht für das psychologische Studium jeglicher Individuen. Nur in den Romanen sieht man die Individuen mit einem konstanten Charakter durchs Leben gehen. Die Gleichförmigkeit des Milieus allein schafft die sichtbare Gleichartigkeit der Charaktere. Ich habe anderwärts gezeigt, dass alle geistigen Konstitutionen Charaktermöglichkeiten enthalten, die sich bei einem jähen Wechsel des Milieus offenbaren können. So fanden sich unter den wildesten grausamsten Konventmitgliedern gutmütige Bürger, die unter normalen Verhältnissen friedliche Notare oder ehrsame Beamte gewesen wären. Nach dem Sturm nahmen sie ihren Normalcharakter als friedliche Bürger wieder an. Unter ihnen fand Napoleon seine willigsten Diener.

Da wir hier nicht alle Stufen der Massenbildung studieren können, werden wir sie besonders in ihrer Phase vollständiger Organisation ins Auge fassen. Wir werden derart sehen, was sie werden können, nicht, was sie immer sind. Diese fortgeschrittene Organisationsphase allein ist es, in der sich auf dem unveränderlichen und herrschenden Rassenuntergrund gewisse neue und besondere Merkmale aufbauen und wo sich die Orientierung aller Gefühle und Gedanken der Gesamtheit nach einer identischen Richtung vollzieht. Hier nun zeigt sich, was ich oben das *psychologische Gesetz der geistigen Einheit der Massen* genannt habe.

Es gibt unter den psychischen Merkmalen der Massen solche, welche sie mit isolierten Individuen gemein haben können, während andere wieder für sie durchaus spezifisch und nur bei Gesamtheiten anzutreffen sind. Diese spezifischen Merkmale wollen wir zunächst studieren, um deren Bedeutung so recht darzutun.

An einer psychologischen Masse ist das Sonderbarste dies:

Welcher Art auch die sie zusammensetzenden Individuen sein mögen, wie ähnlich oder unähnlich ihre Lebensweise, Beschäftigung, ihr Charakter oder ihre Intelligenz ist, durch den bloßen Umstand ihrer Umformung zur Masse besitzen sie eine Art Kollektivseele, vermöge deren sie in ganz anderer Weise fühlen, denken und handeln, als jeder von ihnen für sich fühlen, denken und handeln würde. Es gibt Ideen und Gefühle, die nur bei den zu Massen verbundenen Individuen auftreten oder sich in Handlungen umsetzen.

Die psychologische Masse ist ein provisorisches Wesen, das aus heterogenen Elementen besteht, die für einen Augenblick sich miteinander verbunden haben, genau so wie die Zellen des Organismus durch ihre Vereinigung ein neues Wesen mit ganz anderen Eigenschaften als denen der einzelnen Zellen bilden.

Im Widerspruch mit einer Anschauung, die sich befremdlicherweise bei einem so scharfsinnigen Philosophen, wie Herbert Spencer es ist, findet, gibt es in dem eine Masse ausmachenden Aggregat keineswegs eine Summe und eine Durchschnittszahl der Elemente, sondern eine Kombination und Bildung neuer Elemente, genau so wie in der Chemie sich bestimmte Elemente, wie z. B. die Basen und Säuren, bei ihrem Zusammenkommen zur Bildung eines neuen Körpers verbinden, dessen

Eigenschaften von denen der Körper, die an seinem Zustandekommen beteiligt waren, völlig verschieden sind.

Leicht ist die Feststellung des Maßes von Verschiedenheit des der Masse angehörenden vom isolierten Individuum; weniger leicht ist aber die Entdeckung der Ursachen dieser Verschiedenheit.

Um diese Ursachen wenigstens einigermaßen zu ersehen, muss man sich zunächst der von der modernen Psychologie gemachten Feststellung erinnern, dass nicht bloß im organischen Leben, sondern auch in den intellektuellen Funktionen die unbewussten Phänomene eine überwiegende Rolle spielen. Das bewusste Geistesleben stellt nur einen recht geringen Teil neben dem unbewussten Seelenleben dar. Die feinste Analyse, die schärfste Beobachtung gelangt nur zu einer kleinen Anzahl bewusster Motive des Seelenlebens. Unsere bewussten Akte leiten sich aus einem, besonders durch Vererbungseinflüsse geschaffenen unbewussten Substrat her. Dieses enthält die zahllosen Ahnenspuren, aus denen sich die Rassenseele konstituiert. Hinter den eingestandenen Motiven unserer Handlungen gibt es zweifellos die geheimen Gründe, die wir nicht eingestehen, hinter diesen aber liegen noch geheimere, die wir nicht einmal kennen. Die Mehrzahl unserer alltäglichen Handlungen ist nur die Wirkung verborgener, uns entgehender Motive.

Es sind vornehmlich die der Rassenseele zugrunde liegenden unbewussten Elemente, wodurch sich alle Individuen dieser Rasse ähneln, und sie, die Früchte der Erziehung, noch mehr aber einer außerordentlichen Erblichkeit, sind es auch, wodurch sie sich unterscheiden.

Die an Intelligenz unähnlichsten Menschen haben äußerst ähnliche Instinkte, Leidenschaften und Gefühle. In allem, was Gegenstand des Gefühls ist: Religion, Politik, Moral, Sympathien und Antipathien usw., überragen die ausgezeichnetsten Menschen nur sehr selten das Niveau der gewöhnlichsten Individuen. Zwischen einem großen Mathematiker und seinem Schuster kann intellektuell ein Abgrund klaffen, aber hinsichtlich des Charakters ist der Unterschied sehr oft nichtig oder sehr gering.

Nun sind es eben diese allgemeinen Charaktereigenschaften, die vom Unbewussten beherrscht und die der Mehrzahl der normalen Vertreter einer Rasse ziemlich gleichmäßig zukommen, was in den Massen vergemeinschaftlicht wird. In der Kollektivseele verwischen sich die intellektuellen Fähigkeiten und damit auch die Individualität der Individuen. Das Heterogene versinkt im Homogenen, und es überwiegen die unbewussten Qualitäten.

Eben diese Vergemeinschaftlichung der gewöhnlichen Eigenschaften ist es, was uns erklärt, warum die Massen niemals Handlungen, zu welchen eine besondere Intelligenz gehört, ausführen werden können. Die Entscheidungen von allgemeinem Interesse, von einer Versammlung hervorragender, aber verschiedenartiger Leute getroffen, sind jenen, welche eine Versammlung von Dummköpfen treffen würde, nicht merklich überlegen. Sie können in der Tat nur die mittelmäßigen Allerweltsqualitäten vergemeinschaftlichen. Es ist die Dummheit, nicht der Geist, was sich in den Massen akkumuliert. Es hat nicht, wie man so oft wiederholt, die „ganze Welt" mehr Geist als Voltaire, sondern Voltaire hat gewiss mehr Geist als die „ganze Welt", wenn man unter dieser die Massen versteht.

Beschränkte sich aber bei den zur Masse gehörigen Individuen die Vergemeinschaftlichung auf die gewöhnlichen Eigenschaften eines jeden von ihnen, dann gäbe es nur eine Durchschnittszahl, aber nicht, wie wir sagten, eine Schöpfung neuer Merkmale. Wie stellen sich diese neuen Merkmale ein? Das haben wir jetzt zu erforschen.

Verschiedene Ursachen haben an dem Auftreten dieser Spezialcharaktere der Massen, welche die Individuen nicht besitzen, Anteil. Die *erste*, dieser Ursachen besteht darin, dass das Individuum in der Masse schon durch die Tatsache der Anzahl ein Gefühl unüberwindlicher Macht erlangt, welches ihm gestattet, Instinkten zu fröhnen, die es allein notwendig gezügelt hätte. Es wird dies nun um so weniger Anlass haben, als bei der Anonymität und demnach auch Unverantwortlichkeit der Masse das Verantwortlichkeitsgefühl, welches die Individuen stets zurückhält, völlig schwindet.

Eine *zweite* Ursache, die Ansteckung, trägt ebenso dazu bei, bei den Massen die Äußerung der speziellen Merkmale und zugleich die Orientierung jener zu bewerkstelligen. Die Ansteckung ist ein leicht zu konstatierendes, aber unerklärliches Phänomen, das man den von uns sogleich zu studierenden Phänomenen hypnotischer Art zurechnen muss. In der Masse ist jedes Gefühl, jede Handlung ansteckend, und zwar in so hohem Grade, dass das Individuum sehr leicht sein persönliches Interesse dem Gesamtinteresse opfert. Es ist dies eine seiner Natur durchaus entgegengesetzte Fähigkeit, deren der Mensch nur als Massenbestandteil fähig ist.

Eine *dritte*, und zwar die wichtigste Ursache bestimmt in den zur Masse vereinigten Individuen besondere Eigenschaften, welche denen des isolierten Individuums völlig entgegengesetzt sind. Ich rede hier von der Suggestibilität, von der die erwähnte Ansteckung übrigens nur eine Wirkung ist.

Zum Verständnis dieser Erscheinung gehört die Vergegenwärtigung gewisser neuer Entdeckungen der Physiologie. Wir wissen jetzt, dass mittelst mannigfacher Prozeduren ein Mensch in einen solchen Zustand versetzt werden kann, dass er nach Verlust seiner ganzen bewussten Persönlichkeit allen Suggestionen desjenigen gehorcht, der ihn seines Persönlichkeitsbewusstseins beraubt hat, und dass er die zu seinem Charakter und seinen Gewohnheiten in schärfstem Gegensatz stehenden Handlungen vollbringt.

Nun scheinen sehr sorgfältige Beobachtungen darzutun, dass ein eine Zeitlang im Schoß einer tätigen Masse eingebettetes Individuum in Bälde - durch Ausströmungen, die von ihr ausgehen, oder durch sonst eine unbekannte Ursache - in einem Sonderzustand sich befindet, der sich sehr der Faszination nähert, die den Hypnotisierten in den Händen des Hypnotisators befällt. Indem das Hirnleben beim Hypnotisierten paralysiert ist, wird dieser der Sklave aller unbewussten Funktionen seines Rückenmarks, die der Hypnotisator nach seinem Belieben lenkt. Die bewusste Persönlichkeit ist völlig geschwunden, Wille und Unterscheidungsvermögen sind dahin, alle Gefühle und Gedanken sind nach der durch den Hypnotisator hergestellten Richtung orientiert.

So ungefähr verhält sich auch der Zustand des einer psychologischen Masse angehörenden Individuums. Es hat von seinen Handlungen kein Bewusstsein mehr. Wie beim Hypnotisierten können bei ihm, während zugleich gewisse Fähigkeiten aufgehoben sind, andere auf einen Grad höchster Stärke gebracht werden. Unter dem Einfluss einer Suggestion wird es sich mit einem unwiderstehlichen Schwung an die Ausführung bestimmter Handlungen machen. Und dieses Ungestüm ist bei den Massen noch unwiderstehlicher als beim Hypnotisierten, weil die für alle Individuen gleiche Suggestion durch Gegenseitigkeit anwächst. Die Individuen, welche in der Masse eine zum Widerstand gegen die Suggestion hinreichend starke Persönlichkeit haben, sind in zu geringer Anzahl, um gegen den Strom zu kämpfen. Höchstens können sie vermittelst einer anderen Suggestion eine Ablenkung versuchen. So z. B. hat ein glücklicher Ausdruck, ein zu rechter Zeit hervorgerufenes Bild oft die Massen von den blutigsten Taten abgehalten.

Die Hauptmerkmale des in der Masse befindlichen Individuums sind demnach: Schwund der bewussten Persönlichkeit, Vorherrschaft der unbewussten Persönlichkeit, Orientierung der Gefühle und Gedanken in derselben Richtung durch Suggestion und Ansteckung, Tendenz zur unverzüglichen Verwirklichung der suggerierten Ideen. Das Individuum ist nicht mehr es selbst, ist ein willenloser Automat geworden.

Ferner steigt durch die bloße Zugehörigkeit zu einer organisierten Masse der Mensch mehrere Stufen auf der Leiter der Zivilisation herab. Isoliert war er vielleicht ein gebildetes Individuum, in der Masse ist er ein Barbar, d. h. ein Instinktwesen. Er besitzt die Spontaneität, die Heftigkeit, die Wildheit und auch den Enthusiasmus und Heroismus primitiver Wesen. Diesen nähert er sich noch durch die Leichtigkeit, mit der er sich von Worten und Bildern, die auf jedes einzelne Individuum gänzlich ohne Wirkung wären, beeinflussen und zu Handlungen, die zu seinen offenbarsten Interessen und bekanntesten Gewohnheiten im Widerspruch stehen, verführen lässt. In der Masse gleicht das Individuum einem Sandkorn in einem Haufen anderer, das der Wind beliebig emporwirbelt.

So sieht man Geschworene Urteile abgeben, die jeder Geschworene einzeln missbilligen würde, Parlamente Gesetze und Maßnahmen annehmen, die jedes Mitglied als Einzelner ablehnen würde. Die Männer des Konvents waren jeder für sich aufgeklärte Bürger mit friedlichen Gewohnheiten. Zur Masse vereinigt, zauderten sie nicht, die grausamsten Vorschläge zu billigen, die offenbar unschuldigsten Individuen aufs Schaffot zu schicken und im Gegensatz zu allen ihren Interessen auf ihre Unverletzlichkeit zu verzichten und sich selbst zu dezimieren.

Nicht bloß durch seine Handlungen weicht das Mitglied der Masse von sich selbst so wesentlich ab. Schon bevor es jede Unabhängigkeit eingebüßt, haben sich seine Gedanken und Gefühle umgeformt und zwar so sehr, dass der Geizige zum Verschwender, der Skeptiker zum Gläubigen, der Ehrenhafte zum Verbrecher, der Hasenfuß zum Helden wird. Der Verzicht auf alle seine Privilegien, den in einem Moment des Enthusiasmus der Adel in der berühmten Nacht vom 4. August 1789 leistete, wäre sicherlich niemals von dessen Mitgliedern als Einzelnen angenommen worden.

Es ist aus dem Vorstehenden zu schließen, dass die Masse stets dem isolierten Menschen intellektuell untergeordnet ist, hinsichtlich der Gefühle und der durch diese bewirkten Handlungen aber unter Umständen besser oder schlechter sein kann. Es hängt alles von der Art der Suggestion ab, unter der die Masse steht. Dies haben die Autoren, welche die Massen nur vom kriminologischen Gesichtspunkt aus studiert haben, vollständig verkannt. Zweifellos ist die Masse oft verbrecherhaft, oft aber ist sie auch heldenhaft.

Besonders die Massen sind es, die man für den Triumph eines Glaubens oder einer Idee in den Tod schickt, die man für Ruhm und Ehre enthusiasmiert, die man fast ohne Brot und Wasser im Zeitalter der Kreuzzüge zur Befreiung eines göttlichen Grabes oder, wie 1793, zur Verteidigung des vaterländischen Bodens fortreißt. Gewiss ein unbewusster Heroismus, aber mit diesen Heroismen vollzieht sich die Geschichte. Sollten auf das aktive Konto der Völker nur die kaltvernünftigen Großtaten geschrieben werden, es würden in den Weltannalen nur deren wenige verzeichnet sein.

2. Kapitel

Gefühlsleben und Sittlichkeit der Massen

Nach dieser ganz allgemeinen Aufzeigung der Hauptmerkmale der Massen haben wir nun das Detail dieser Merkmale zu untersuchen.

Man wird sehen, unter den Sondereigenschaften der Massen gibt es solche, wie die Impulsivität, Reizbarkeit, die Unfähigkeit zum logischen Denken, der Mangel an Urteil, kritischem Geist, die Übertreibung der Gefühle und andere, die sich ebenso bei Wesen von niederer Entwicklungshöhe, wie bei Frauen, Wilden, Kindern finden; aber ich streife diese Analogie nur leicht, denn ihre Ausführung würde über den Rahmen dieser Arbeit hinausgehen. Auch wäre sie für die mit der Psychologie der Primitiven Vertrauten unnötig und ohne rechte Überzeugungskraft für jene, die in ihr nicht bewandert sind.

Ich führe nun nach der Reihe die verschiedenen Merkmale vor, die sich bei der Mehrzahl der Massen beobachten lassen.

§ 1 Impulsivität, Wandelbarkeit und Reizbarkeit der Massen

Wie wir bei der Untersuchung ihrer fundamentalen Charakterzüge sagten, wird die Masse beinahe ausschließlich vom Unbewussten geleitet. Ihre Handlungen stehen viel öfter unter dem Einfluss des Rückenmarks als unter dem des Gehirns; insofern nähert sie sich den ganz primitiven Wesen. Die vollzogenen Handlungen können ihrer Ausführung nach vollkommen sein, aber, da das Gehirn sie nicht lenkt, so handelt das Individuum nach zufälligen Reizen. Eine Masse ist der Spielball aller äußeren Reize und reflektiert deren unaufhörlichen Wechsel. Sie ist daher eine Sklavin der empfangenen Impulse. Das isolierte Individuum kann ja denselben Reizen wie die Masse unterliegen, da aber ihm sein Gehirn die Unzuträglichkeiten eines Nachgebens zeigt, so hält es ihnen stand. Physiologisch lässt sich dies dahin ausdrücken, dass das isolierte Individuum die Fähigkeit zur Beherrschung seiner Reflexe besitzt, die Masse aber nicht.

Diese mannigfachen Impulse, denen die Massen gehorchen, können je nach den Reizen edel oder grausam, heroischer oder feiger Art sein, aber stets werden sie so gebieterisch sein, dass nicht das persönliche, ja nicht einmal das Interesse der Selbsterhaltung zur Geltung kommt.

Da die für eine Masse wirksamen Reize sehr variieren und ihnen die Massen allezeit gehorchen, so sind die letzteren natürlich äußerst wandelbar. Daher sehen wir sie auch im Augenblick von der blutigsten Grausamkeit zum absolutesten Heldentum oder Edelmut übergehen. Die Masse wird sehr leicht zum Henker, ebenso leicht aber auch zum Märtyrer. Aus ihrem Herzen flossen die Ströme Blutes, die der Sieg jeglichen Glaubens erforderte. Man braucht nicht zu den Heldenzeitaltern zurückzugehen, um zu sehen, wessen in dieser Hinsicht die Massen fähig sind. Sie schonen in einem Aufstand niemals ihr Leben, und erst vor wenigen Jahren hätte ein plötzlich populär gewordener General, wenn er es verlangt hätte, leicht hunderttausend Menschen gefunden, die bereit waren, sich für seine Sache töten zu lassen.

Bei den Massen ist also nichts vorbedacht. Sie können nach und nach die ganze Skala der entgegengesetzten Gefühle durchlaufen, stets aber werden sie unter dem Einfluss der Momentanreize stehen. Sie gleichen den Blättern, die der Sturm emporhebt, nach allen Richtungen verstreut und wieder fallen lässt. Beim Studium gewisser revolutionärer Massen werden wir für die Wandelbarkeit ihrer Gefühle einige Beispiele geben.

Diese Wandelbarkeit der Massen macht, dass sie schwer zu regieren sind, insbesondere wenn ein Teil der öffentlichen Gewalt in ihre Hände gefallen ist. Würden die Erfordernisse des Alltagslebens nicht eine Art unsichtbarer Leitung der Dinge darstellen, dann könnten die Demokratien nicht bestehen. Wollen die Massen die Dinge frenetisch, so wollen sie sie nicht für lange, sie sind ebenso unfähig zu einem Dauerwillen wie zum Denken.

Die Masse ist nicht bloß impulsiv und wandelbar. Gleich dem Wilden gestattet sie nicht, dass sich etwas zwischen ihrem Begehren und der Verwirklichung dieser Begierde einschiebt. Das versteht sie um so weniger, als ihre Menge ihr das Gefühl unwiderstehlicher Macht gewährt. Für das Individuum in der Masse schwindet der Begriff des Unmöglichen.

Das isolierte Individuum fühlt wohl, es könne nicht allein einen Palast einäschern, einen Laden plündern, und es wird, wenn der Versuchung ausgesetzt, dieser leicht widerstehen. Als Massenglied hat es das Massenbewusstsein der Anzahl, und es genügt die Suggestion der Vorstellungen von Mord und Plünderung, damit es der Versuchung unverzüglich nachgibt. Ein unerwartetes Hindernis wird in Raserei gebrochen werden. Erlaubte der menschliche Organismus die Ständigkeit der Wut, so könnte man die Wut als den normalen Zustand der gehemmten Masse bezeichnen.

Die Reizbarkeit, Impulsivität und Wandelbarkeit der Massen, sowie das gesamte Gefühlsleben des Volkes, mit dem wir es zu tun haben werden, wird stets durch die fundamentalen Rasseneigenschaften modifiziert, welche den festen Boden bilden, auf dem alle unsere Gefühle keimen. Alle Massen sind stets reizbar und impulsiv, aber in den mannigfachsten Abstufungen. Der Unterschied zwischen einer lateinischen und einer angelsächsischen Masse z. B. ist auffallend; die jüngsten Ereignisse unserer Geschichte beleuchten dies lebhaft.

Es hat im Jahre 1870 die Veröffentlichung eines einfachen Telegramms mit dem Bericht von einer einem

Botschafter angeblich zugefügten Beleidigung genügt, einen Wutausbruch zu entfachen, dem ein furchtbarer Krieg unmittelbar entsprungen ist. Einige Jahre später erzeugte die telegrafische Anzeige einer unbedeutenden Schlappe bei Langson einen neuen Ausbruch, der den sofortigen Sturz der Regierung herbeiführte. Zu gleicher Zeit erregte die viel schwerere Niederlage einer englischen Expedition bei Khartum in England nur eine sehr schwache Bewegung, und kein Ministerium fiel. Überall sind die Massen weibisch, die weibischsten aber sind die lateinischen Massen. Wer sich auf sie stützt, kann sehr hoch und sehr schnell steigen, aber in steter Nähe des tarpejischen Felsens und mit der Gewissheit, eines Tages von diesem hinuntergestürzt zu werden.

§ 2 Suggestibilität und Leichtgläubigkeit der Massen

Gelegentlich der Definition der Masse erwähnten wir als einen ihrer allgemeinen Charakterzüge eine übermäßige Suggestibilität, und wir zeigten, wie ansteckend eine Suggestion in einer Menschenansammlung ist; dadurch erklärt sich die blitzschnelle Orientierung der Gefühle in einer bestimmten Richtung.

So neutral man sich die Masse auch vorstellt, sie befindet sich meist in jenem, die Suggestion erleichternden Zustande aufmerksamster Erwartung. Die erste sich äußernde Suggestion teilt sich durch Ansteckung allen Gehirnen mit, und allsogleich stellt sich die Orientierung ein. Wie bei allen suggestionierten Wesen hat die Vorstellung, welche das Gehirn eingenommen hat, die Tendenz, in Handlung überzugehen. Ob es sich um die Brandlegung in einem Palast oder um einen Ergebenheitsakt handelt, die Masse ist mit gleicher Leichtigkeit dazu zu haben. Alles hängt von der Art des Anreizes ab, nicht mehr, wie beim isolierten Individuum, von den Beziehungen zwischen der suggerierten Handlung und der Summe von Vernunft, die deren Verwirklichung sich widersetzen kann.

So kann denn die Masse, stets an den Grenzen des Unbewussten umherirrend, allen Suggestionen leicht nachkommend, im Besitze der Gefühlsheftigkeit, die allen, den Einflüssen der Vernunft nicht zugänglichen Wesen eigen ist, alles kritischen Geistes bar, nur von einer extremen Leichtgläubigkeit sein. Für sie existiert das Unwahrscheinliche nicht; dies muss man in Erinnerung behalten, um die Leichtigkeit zu begreifen, mit der die unwahrscheinlichsten Legenden und Berichte zustandekommen und sich verbreiten.[13]

---

[13] Diejenigen, welche die Belagerung von Paris mitgemacht, sahen viele Fälle dieser Leichtgläubigkeit der Massen gegenüber den unwahrscheinlichsten Dingen. Ein Kerzenlicht in einem höheren Stockwerk galt sofort als ein den Belagerern gegebenes Zeichen, so klar es doch nach wenigen Augenblicken der Überlegung wird, dass es jenen unmöglich war, aus einer Entfernung von mehreren Meilen den Schein dieser Kerze wahrzunehmen.

Die Schöpfung von Legenden, die mit solcher Leichtigkeit in den Massen zirkulieren, ist nicht bloß durch eine vollkommene Leichtgläubigkeit verursacht, sondern auch durch die gewaltigen Entstellungen, welche die Ereignisse in der Phantasie der Menschenansammlungen erfahren. Das einfachste Ereignis wird, von der Masse erblickt, bald zu einem umgeformten Ereignis.

Die Masse denkt in Bildern, die nach ihrer Entstehung von selbst eine Reihe anderer Bilder ohne logischen Zusammenhang mit den ersteren auslösen. Diesen Zustand verstehen wir leicht, wenn wir an die sonderbaren Vorstellungsfolgen denken, die in uns zuweilen ein Erlebnis hervorruft. Die Vernunft lehrt uns das Unzusammenhängende dieser Bilder, aber die Masse bemerkt es nicht; was ihre entstellende Phantasie dem wirklichen Ereignis hinzu fügt, wird sie mit diesem vermengen. Die Masse scheidet nicht das Subjektive vom Objektiven; sie betrachtet die in ihrem Bewusstsein auftauchenden Bilder, die sehr oft mit der beobachteten Tatsache nur eine entfernte Ähnlichkeit besitzen, als real.

Die Entstellungen, welche eine Masse einem Ereignis, dessen Zeuge sie ist, zuteil werden lässt, sollten, scheint es, unzähliger und verschiedener Art sein, da die Individuen, welche die Masse zusammensetzen, von sehr verschiedenem Naturell sind. So ist es aber nicht. Infolge der Ansteckung sind die Entstellungen bei allen Individuen von gleicher Art und Richtung. Die erste Entstellung, die ein Glied der Gesamtheit erfasst hat, ist der Kern der ansteckenden Suggestion. Bevor der heilige

Georg auf den Mauern von Jerusalem allen Kreuzfahrern erschien, war er sicher erst nur von einem der Anwesenden bemerkt worden. Vermöge der Suggestion und der Ansteckung wurde das von einem Einzigen gemeldete Wunder sofort von allen aufgenommen.

Solcherart ist stets der Mechanismus dieser in der Geschichte so häufigen Kollektivhalluzinationen, die alle klassischen Merkmale der Authentizität zu haben scheinen, da es sich hier um Erscheinungen handelt, welche von Tausenden von Personen konstatiert werden.

Zur Bekämpfung des Vorgebrachten darf man nicht die geistigen Qualitäten der Individuen, aus denen die Masse besteht, ins Treffen führen. Denn diese Qualitäten sind bedeutungslos. In dem Moment, da sie zu einer Masse gehören, sind der Ungebildete und der Gelehrte zur Beobachtung gleichermaßen unfähig.

Diese Behauptung kann paradox erscheinen. Zu ihrer gründlichen Darlegung gehörte die Vorführung einer großen Zahl historischer Tatsachen, und es würden mehrere Bände dazu nicht genügen.

Da ich aber doch den Leser nicht unter dem Eindruck unbewiesener Behauptungen lassen möchte, so will ich ihm aus der Zahl möglicher Beispiele einige auf gut Glück herausgegriffene vorführen.

Folgender Fall gehört zu den typischsten, weil er zu den Kollektivassoziationen gehört, die unter einer, aus den verschiedenartigsten, unwissendsten und gebildetsten Individuen bestehenden Masse vorkamen. Er wird so nebenher von dem Schiffsleutnant Julien Felix in seinem

Buch über die Meeresströmungen berichtet und ist auch in die „Revue Scientifique" aufgenommen worden.

Die Fregatte „La Belle-Poule" kreuzte zur See, um die Korvette „Le Berceau", von der sie durch einen heftigen Orkan getrennt worden war, wiederzufinden. Es war am hellen lichten Tag. Plötzlich signalisiert die Wache ein entmastetes Schiff. Die Mannschaft richtet ihre Blicke auf die signalisierte Stelle, und alle, Offiziere wie Matrosen, bemerken deutlich ein mit Menschen beladenes Floß, welches von Booten, auf denen Notflaggen flatterten, bugsiert wurde. Das war aber nur eine Kollektivhalluzination. Admiral Desfossés ließ ein Boot bemannen, um den Schiffbrüchigen Hilfe zu leisten. Bei der Annäherung sahen die im Boot befindlichen Matrosen und Offiziere „Massen von Menschen sich hin und her bewegen, die Hände ausstrecken, und vernahmen den dumpfen und verworrenen Lärm einer großen Anzahl von Stimmen." Als das Boot angekommen war, stand man vor nichts als vor einigen mit Blättern bedeckten Baumästen, welche von der benachbarten Küste sich losgerissen hatten. Vor einer so greifbaren Evidenz schwindet die Halluzination.

Bei diesem Beispiel sieht man klar, wie der Mechanismus der Kollektivhalluzination sich in der von uns dargelegten Weise abspielt. Auf der einen Seite eine im Zustand erwartungsvoller Aufmerksamkeit befindliche Masse; auf der andern eine von der Wache, welche ein entmastetes Fahrzeug auf dem Meer signalisiert, ausgehende Suggestion, die durch Ansteckung von allen Anwesenden, Offizieren wie Matrosen, angenommen wurde.

Damit die Fähigkeit des richtigen Sehens dessen, was sich vor ihr ereignet, aufgehoben und die wirklichen Tatsachen durch von ihnen abweichende Halluzinationen ersetzt werden, braucht eine Masse nicht zahlreich zu sein. Die Vereinigung beliebiger Individuen macht eine Masse aus; mögen sie selbst hervorragende Gelehrte sein, so nehmen sie insgesamt in allem, was außerhalb ihres Faches ist, alle Massenmerkmale an. Das Beobachtungsvermögen und der kritische Geist eines jeden von ihnen schwindet sofort.

Ein findiger Psychologe, Davey, liefert uns dafür ein recht interessantes Beispiel, welches vor kurzem in den „Annales des Sciences psychiques" mitgeteilt wurde und verdient, hier berichtet zu werden. Davey berief eine Versammlung ausgezeichneter Beobachter ein, unter ihnen den hervorragenden englischen Forscher Wallace, und führte ihnen, nachdem er sie die Gegenstände untersuchen und beliebig versiegeln hatte lassen, alle klassischen Phänomene des Spiritismus, Materialisation von Geistern, Schiefertafelschrift usw., vor. Nachdem er hierauf von diesen ausgezeichneten Beobachtern schriftliche Berichte erhalten hatte, in welchen erklärt wurde, die beobachteten Erscheinungen seien nur auf übernatürlichem Wege möglich gewesen, enthüllte er ihnen, dass dieselben das Produkt sehr einfacher Kniffe waren. „Bei diesem Experiment Daveys", schrieb der Verfasser des Berichtes, „ist das Erstaunliche nicht das Wunder der Kunststücke als solcher, sondern die außerordentliche

Schwäche der Berichte, welche die uneingeweihten Zeugen derselben darüber abgaben. Die Zeugen können zahlreiche und bestimmte, dabei völlig irrige Berichte liefern, deren Ergebnis aber ist, dass, wenn man ihre Schilderungen als exakt ansieht, die geschilderten Erscheinungen durch Betrug nicht zu erklären sind. Die von Davey ersonnenen Methoden waren so einfach, dass man sich über die Kühnheit, mit der er sie anwandte, wundert; er besaß aber eine solche Macht über den Massengeist, dass er diesem das, was er nicht sah, als gesehen aufzudringen vermochte." Es ist dies die Macht des Hypnotisators über den Hypnotisierten. Sieht man aber, wie diese Macht gegenüber ausgewählten Geistern, die vorher zur Vorsicht verhalten waren, zur Geltung kommt, dann begreift man, in welchem Maß die gewöhnlichen Massen sich leicht täuschen lassen.

Analoger Beispiele gibt es Legion. Zur Zeit, da ich diese Zeilen niederschreibe, sind die Zeitungen voll von der Geschichte von zwei kleinen ertrunkenen Mädchen, die aus der Seine gezogen wurden. Diese Kinder wurden zuerst in bestimmtester Weise von einem Dutzend Zeugen agnosziert. Die Angaben waren alle so übereinstimmend, dass dem Untersuchungsrichter nicht der leiseste Zweifel blieb; er ließ den Totenschein ausfertigen. In dem Augenblick aber, wo man zur Beerdigung sich anschickte, entdeckte man durch Zufall, dass die vermeintlichen Opfer noch völlig am Leben waren und kaum eine entfernte Ähnlichkeit mit den ertrunkenen Kleinen besaßen. Wie in mehreren von den früher angeführten Beispielen hatte die Behauptung des ersten Zeugen, der das

Opfer einer Illusion war, zur Suggestionierung der anderen genügt.

In solchen Fällen ist der Ausgangspunkt der Suggestion stets die bei einem Individuum durch mehr oder weniger rege Reminiszenzen erzeugte Illusion, sodann die Ansteckung durch Mitteilung dieser primären Illusion. Ist der erste Beobachter sehr erregbar, so genügt es oft, dass der Leichnam, den er zu erkennen glaubt, abgesehen von aller wirklichen Ähnlichkeit, irgendwelche Besonderheit, etwa eine Narbe oder ein Bekleidungsmerkmal darbietet, wodurch die Vorstellung einer andern Person ausgelöst werden kann. Diese Vorstellung kann dann zum Kern einer Art Kristallisation werden, welche die Sphäre des Intellekts ergreift und allen kritischen Geist lähmt. Der Beobachter sieht nicht mehr die Sache selbst, sondern das in seiner Seele aufgetauchte Bild. Auf diese Weise erklären sich die irrtümlichen Agnoszierungen von Kinderleichen durch deren eigene Mütter, wie in im folgenden, schon alten, aber neulich von den Zeitungen aufgefrischten Fall, bei dem man genau die beiden Arten der Suggestion sich abspielen sieht, deren Mechanismus ich soeben aufgezeigt habe.

„Das Kind ward von einem andern Kinde erkannt - das sich irrte. Die Reihe der unrichtigen Agnoszierungen lief nun ab. Und man sah da etwas sehr Merkwürdiges. Am Tage nach der Agnoszierung der Leiche durch einen Schüler schrie eine Frau auf: ‚Ach, es ist mein Kind!' Man führte sie zur Leiche, sie nimmt deren Kleider in Augenschein und konstatiert eine Narbe an der Stirne. ‚Gewiss', sagt sie, ‚es ist mein armer Sohn, der seit dem letzten Tage des Juli abgängig gewesen. Man wird ihn mir entführt und getötet haben.' Die Frau war Hausbesorgerin in der Rue du Four, und hieß Chavandret. Man ließ ihren Schwager kommen und dieser sagte ohne Zögern: ,Das ist der kleine Philibert.' Mehrere Bewohner der Straße erkannten in dem Kind von la Villette Philibert Chavandret, ganz abgesehen von dessen Schullehrer, für den die Denkmünze bestimmend war. Nun: Nachbarn, Schwager, Lehrer und Mutter hatten sich geirrt. Sechs Wochen später ward die Identität des Kindes festgestellt. Es war ein Knabe aus Bordeaux, der dort getötet und nach Paris gebracht worden war."[14]

Wie man sieht, finden diese Erkennungen meist bei Frauen und Kindern, also bei den am meisten erregbaren Wesen statt. Sie zeigen zugleich, welchen Wert solche Zeugnisse bei Gericht haben können. Besonders Kinderaussagen sollten niemals in Anspruch genommen werden. Die Richter wiederholen wie einen Gemeinplatz, dieses Alter lüge nicht. Besäßen sie eine etwas tiefere psychologische Bildung, so wüssten sie, dass ganz im Gegenteil in diesem Alter stets gelogen wird. Gewiss ist hier die Lüge harmlos, sie bleibt aber nichtsdestoweniger eine Lüge. Besser würde die Verurteilung eines Angeklagten, wie so oft geschehen, nach „Kopf oder Schrift" als nach dem Zeugnis eines Kindes erfolgen.

Um aber zu den von den Massen gemachten Beobachtungen zurückzukehren, so kommen wir zu dem Schluss, dass die Kollektivbeobachtungen die verfehltes-

---

[14] „Éclair" vom 21. April 1895

ten sind, die es gibt, und dass sie meist nur die Illusion eines Individuums, die durch Ansteckung die anderen suggestioniert hat, darstellen. Die Tatsachen, welche dartun, dass man gegenüber der Zeugenschaft der Masse das größte Misstrauen hegen muss, lassen sich ins Unendliche vervielfachen. Tausende von Menschen wohnten der berühmten Kavallerieattacke bei Sedan bei, und doch weiß man angesichts der widersprechendsten Aussagen nicht, von wem sie kommandiert wurde. Der englische General Wolseley hat in einem neuen Buch den Beweis erbracht, dass man bis jetzt betreffs der wichtigsten Ereignisse der Schlacht bei Waterloo, die doch hunderte von Zeugen beglaubigt hatten, die größten Irrtümer begangen hat.[15]

Tatsachen solcher Art zeigen uns, welchen Wert die Zeugenschaft der Massen hat. Die Lehrbücher der Logik zählen die Einstimmigkeit zahlreicher Zeugen zur Kategorie der sichersten Beweise, die man zur Erhärtung einer Tatsache erbringen kann. Aber die Psychologie der

---

[15] Wissen wir auch nur von einer einzigen Schlacht, wie sie sich wirklich abgespielt hat? Ich zweifle sehr. Wir kennen Sieger und Besiegte, aber wohl nichts weiter. Was d'Harcourt über die Schlacht bei Solferino, die er mitgemacht und gesehen hat, berichtet, gilt für alle Schlachten: „Die Generäle (natürlich durch Hunderte von Zeugnissen unterrichtet) geben ihre offiziellen Berichte ab; die mit der Verbreitung der Ordres betrauten Offiziere modifizieren diese Dokumente und redigieren den definitiven Plan; der Generalstabschef bestreitet und erneuert ihn. Man bringt ihn zum Feldmarschall, welcher „Total verfehlt" ausruft und eine neue Redaktion vornimmt. Von dem alten Bericht bleibt fast nichts stehen." d'Harcourt erzählt dies als Beweis der Unmöglichkeit, betreffs des greifbarsten, am besten beobachteten Ereignisses die Wahrheit zu konstatieren.

Massen lehrt die Verbesserungsbedürftigkeit der logischen Lehrbücher bezüglich dieses Punktes. Die zweifelhaftesten Ereignisse sind sicherlich diejenigen, welche von der größten Anzahl von Personen beobachtet wurden. Erklären, ein Gegenstand sei von Tausenden von Zeugen zugleich konstatiert worden, heißt zumeist erklären, dass das wirkliche Ereignis von dem empfangenen Berichte erheblich abweicht.

Es folgt aus dem Vorstehenden klipp und klar, dass die Geschichtswerke als reine Phantasiegebilde zu betrachten sind. Es sind darin phantastische Berichte schlecht beobachteter Ereignisse nebst auf gut Glück vorgebrachten Erklärungen. Gips verschmieren ist nützlicher als die Zeit mit der Abfassung solcher Bücher vergeuden. Hätte uns die Vergangenheit nicht ihre Literaturdenkmäler, ihre Kunst- und Bauwerke hinterlassen, wir wüßten nicht das geringste Wahre von ihr. Kennen wir nur ein einziges wahres Wort betreffs des Lebens der großen Männer, die in der Menschheit eine hervorragende Rolle gespielt haben, wie Herkules, Buddha, Jesus oder Mohammed? Höchstwahrscheinlich nicht. Im Grunde hat übrigens ihr Leben recht wenig Interesse für uns. Was wir kennen lernen wollen, das sind die großen Männer, wie die Volkslegende sie gestaltet hat. Es sind die sagenhaften Heroen, nicht die wirklichen Helden, die auf die Massenseele Eindruck gemacht haben.

Leider sind die Legenden, auch wenn sie in Büchern fixiert sind, nicht von Dauer. Die Phantasie der Massen formt sie je nach den Zeiten und den Rassen um. Vom grausamen Jehova der Bibel bis zum Gott der Liebe der heiligen Therese ist ein großer Schritt, und der in China verehrte Buddha hat mit dem in Indien angebeteten keinerlei Züge mehr gemein.

Es bedarf nicht des Dahinfließens von Jahrhunderten, damit die Heroenlegende in der Phantasie der Massen sich umbildet; diese Umbildung erfolgt oft innerhalb weniger Jahre. Wir haben in unseren Tagen gesehen, wie die Legende eines der größten Helden der Geschichte sich in weniger als fünfzig Jahren wiederholt umgeändert hat. Unter den Bourbonen wurde Napoleon zu einer Art menschenfreundlicher und liberaler, idyllischer Persönlichkeit, zu einem Freund der Niedrigen, die, um mit den Dichtern zu sprechen, sein Andenken in ihrer Hütte für lange Zeit bewahren mussten. Dreißig Jahre später war der gutmütige Held zu einem grausamen Despoten geworden, der, nachdem er Macht und Freiheit usurpiert, drei Millionen Menschen bloß zur Befriedigung seines Ehrgeizes umkommen ließ. Gegenwärtig wohnen wir einer neuen Umformung der Legende bei. Nach einigen Dutzend Jahrhunderten werden angesichts dieser sich widersprechenden Berichte die künftigen Forscher vielleicht an der Existenz des Helden zweifeln, wie sie vielfach die Existenz Buddhas bezweifeln und werden dann in ihm nur einen Sonnenmythus oder eine Entwicklung der Herkulessage erblicken. Zweifellos werden sie sich ob dieser Ungewissheit leicht trösten, denn da sie eine bessere psychologische Erkenntnis der Massen als heutzutage haben werden, so werden sie wissen, dass die Geschichte nur Mythen zu verewigen vermag.

§ 3 Überschwang und Einfachheit der Massengefühle

Alle von der Masse geäußerten Gefühle, gute und schlechte, haben zwei Eigenschaften: Sie sind sehr einfach und sehr übertrieben.

In dieser wie in so vielen anderen Beziehungen nähert sich das der Masse angehörende Individuum den primitiven Wesen. Der Gefühlsnuancen nicht fähig, sieht es die Dinge nur im Groben und kennt nicht die Übergänge. In der Masse wird die Übertreibung der Gefühle noch dadurch verstärkt, dass, da ein zur Äußerung gelangtes Gefühl sich durch Suggestion und Ansteckung sehr rasch ausbreitet, die sichtliche Anerkennung, die es erfährt, seine Intensität erheblich steigert.

Die Einfachheit und Übertreibung der Gefühle der Massen sind der Grund dafür, dass diese weder Zweifel noch Ungewissheit kennen. Sie gehen, gleich den Frommen, sofort bis zum Äußersten. Der ausgesprochene Verdacht wendet sich sogleich in undiskutierbare Gewissheit. Ein Keim von Antipathie oder Missbilligung, der bei dem isolierten Individuum nicht zur Reife käme, wird beim Massenglied sofort zu wildem Hass.

Die Heftigkeit der Massengefühle wird, besonders bei den heterogenen Massen, auch durch das Fehlen jeder Verantwortlichkeit gesteigert. Die Sicherheit der Straflosigkeit, die mit der Größe der Masse zunimmt, sowie das Bewusstsein einer durch die Menge bedingten beträchtlichen Momentangewalt ermöglichen der Gesamtheit Gefühle und Handlungen, die für das isolierte Individuum unmöglich sind. In der Masse fehlt den Dummen, Ungebildeten und Neidischen das Gefühl ihrer Nichtigkeit und Ohnmacht, an dessen Stelle tritt das Bewusstsein einer brutalen, zwar vorübergehenden, aber ungeheuren Kraft.

Unglücklicherweise bezieht sich bei den Massen die Übertreibung oft auf schlechte Gefühle, atavistische Rückstände der Instinkte des Urmenschen, die durch die Furcht vor Strafe beim isolierten und verantwortlichen Individuum gezügelt werden. Daher sind die Massen so leicht zu argen Ausschreitungen zu verleiten.

Nicht, als ob die Massen, wenn sie geschickt suggestioniert würden, des Heroismus, der Ergebenheit und sehr hoher Tugenden unfähig wären, sie sind es sogar in höherem Maße als das isolierte Individuum. Wir werden bald Gelegenheit haben, auf diesen Punkt beim Studium der Massenmoral zurückzukommen.

In ihrem Fühlen überschwänglich, wird die Masse nur durch übermäßige Empfindungen erregt. Der Redner, der sie hinreißen will, darf mit starken Ausdrücken Missbrauch treiben. Übertreiben, bekräftigen, wiederholen und niemals einen logischen Beweis versuchen, sind die den Rednern in Volksversammlungen wohlbekannten Argumentationsweisen.

Die gleiche Übertreibung verlangt die Masse von ihren Helden. Die Eigenschaften und Tugenden dieser müssen stets vergrößert werden. Es ist richtig bemerkt worden, dass die Masse im Theater von dem Helden des

Dramas einen Mut, eine Sittlichkeit und Tugend verlangt, wie sie im Leben niemals vorkommen.

Treffend hat man von der besonderen Optik des Theaters gesprochen. Sie existiert zweifellos, aber ihre Gesetze haben nichts mit dem richtigen Urteil und der Logik zu tun. Die Kunst, zur Masse zu sprechen, ist gewiss untergeordneter Art, erfordert jedoch ganz besondere Fähigkeiten. Bei der Lektüre gewisser Stücke kann man sich oft den Erfolg derselben nicht erklären. Sehr oft sind die Theaterdirektoren, die diese Stücke erhalten, selbst über den Erfolg sehr im Ungewissen, denn um bestimmt urteilen zu können, müssten sie sich in eine Masse verwandeln können.[16] Hier müssten wir auch, könnten wir uns in die Sache vertiefen, den Einfluss der Rasse dartun. Das Drama, das in dem einen Lande die Masse begeistert, hat oft in einem anderen keinen oder nur einen Achtungs- und konventionellen Erfolg, weil es die

---

[16] Dadurch erklärt es sich, wieso Theaterstücke, die alle Direktoren zurückwiesen, oft außerordentliche Erfolge bei der Aufführung erzielen. Der Erfolg des Coppéschen Stückes „Pour la couronne", welches zehn Jahre lang von den Direktoren der Theater ersten Ranges trotz des Namens des Autors abgelehnt worden war, ist bekannt. „Charleys Tante", ein von allen Theatern abgelehntes und auf Kosten eines Börsenmaklers aufgeführtes Stück, hat in Frankreich zweihundert, in England über tausend Aufführungen erlebt. Ohne die oben gebotene Erklärung der Unmöglichkeit, dass die Theaterdirektoren sich gleichzeitig an die Stelle der Masse versetzen, wären solche Urteilsentgleisungen seitens kompetenter und an der Vermeidung so grober Fehler interessierter Individuen unbegreiflich. Es ist das ein Thema, das ich hier nicht ausführen kann, das aber ein genaues Studium verdient.

Hebel nicht spielen lässt, die das neue Publikum zu bewegen vermöchten.

Ich brauche nicht besonders zu betonen, dass die Übertreibung bei den Massen nur auf die Gefühle, in keiner Weise aber auf den Intellekt sich erstreckt. Ich zeigte bereits, dass, durch die bloße Zugehörigkeit des Individuums zur Masse, das intellektuelle Niveau desselben sich sofort beträchtlich senkt; dies hat Tarde in seinen Untersuchungen über die Verbrechen der Massen festgestellt. Nur auf dem Gebiet des Gefühlslebens also können die Massen sehr hoch steigen oder im Gegenteil sehr heruntersinken.

§ 4 Unduldsamkeit, Autoritätsglauben, Konservativismus der Massen.

Die Massen kennen nur einfache und extreme Gefühle; die ihnen suggerierten Meinungen, Ideen und Glaubenssätze werden daher von ihnen nur en bloc angenommen oder verworfen und als absolute Wahrheiten oder ebenso absolute Irrtümer betrachtet. So verhält es sich stets mit den auf dem Weg der Suggestion, nicht durch Nachdenken erworbenen Überzeugungen. Man weiß, wie intolerant die religiösen Dogmen sind und welche despotische Herrschaft sie über die Geister ausüben.

Da die Masse betreffs des Wahren oder Falschen nicht im Zweifel ist und zugleich das klare Bewusstsein ihrer Kraft besitzt, so ist sie ebenso intolerant als autoritätsgläubig. Das Individuum vermag Widerspruch und Diskussion zu vertragen, niemals aber die Masse. In den öffentlichen Versammlungen wird der leiseste Widerspruch seitens eines Redners sofort mit Wutgebrüll und groben Schmähungen beantwortet, an die sich, wenn der Redner fortfährt, leicht Tätlichkeiten und Vertreibung des Redners schließen. Ohne die einschüchternde Gegenwart der Sicherheitsbehörde würde man den Widersprecher häufig niedermachen.

Autoritätsglauben und Intoleranz sind allen Arten der Masse gemein, weisen aber verschiedene Grade auf. Und hier kommt wieder der Grundbegriff der Rasse, die alles Fühlen und Denken der Menschen beherrscht, zur Geltung. Die Autoritätssucht und die Intoleranz sind in besonders hohem Maße bei den lateinischen Massen ausgebildet, so sehr, dass sie jenes bei den Angelsachsen so mächtige Gefühl der individuellen Unabhängigkeit völlig vernichtet haben. Die lateinischen Massen haben nur Empfindung für die kollektive Unabhängigkeit der Sekte, der sie angehören, und es ist für diese Unabhängigkeit das Bedürfnis charakteristisch, sofort und gewaltsam alle Andersgläubigen ihrem eigenen Glauben zu gewinnen. Bei den lateinischen Völkern konnten sich, von der Inquisition angefangen, die Jakobiner aller Zeiten niemals zu einem anderen Freiheitsbegriff aufschwingen.

Autoritätsglauben und Intoleranz sind für die Massen äußerst klare Gefühle, die sie leicht erfassen und ebenso leicht annehmen als betätigen, sobald man sie ihnen einflößt. Die Massen respektieren völlig die Kraft und werden durch Güte, die für sie nur eine Art von Schwäche bedeutet, nur mäßig beeinflusst.

Niemals galten ihre Sympathien den gütigen Herren, sondern den Tyrannen, von denen sie kraftvoll zertreten wurden; ihnen haben sie allezeit die größten Statuen errichtet. Wenn sie den gestürzten Despoten gern mit Füßen treten, so geschieht das deshalb, weil dieser nach Einbüßung seiner Macht in die Kategorie der Schwachen eintritt, die man verachtet, weil man sie nicht fürchtet. Der Typus des von den Massen verehrten Helden wird stets den Caesarencharakter aufweisen. Sein Helmbusch verführt sie, seine Autorität imponiert ihnen, und sein Schwert schüchtert sie ein.

Stets zur Auflehnung gegen eine schwache Autorität bereit, beugt sich die Masse knechtisch vor einer starken Autorität. Hat die Kraft der Autorität etwas Schwankendes, so geht die, stets ihren extremen Gefühlen folgende Masse abwechselnd von der Anarchie zur Sklaverei, von der Sklaverei zur Anarchie über.

Übrigens hieße es, die Psychologie der Massen recht missverstehen, wollte man an die Vorherrschaft ihrer revolutionären Triebe glauben. Nur ihre Gewalttaten sind es, die uns darüber täuschen. Ihr Drang zu Revolten und Zerstörungstaten hält niemals lange an. Die Massen werden zu sehr vom Unbewussten geleitet und sind demnach dem Einfluss alter Vererbung zu sehr ausgesetzt, als dass sie nicht äußerst konservativ sein müssten. Sich selbst überlassen, werden sie ihrer Zügellosigkeit bald müde und steuern instinktiv der Knechtschaft zu. Die stolzesten und schroffsten unter den Jakobinern waren es, die Bonaparte, als er die Freiheiten unterdrückte und seine eiserne Hand schwer fühlen ließ, auf das Entschiedenste zustimmten.

Die Geschichte, insbesondere die der Revolutionen, ist schwer zu verstehen, wenn man sich über die im Grunde konservativen Instinkte der Massen nicht im klaren ist. Sie wollen zwar die Namen ihrer Institutionen gern ändern, und zu diesem Zwecke führen sie zuweilen gewaltige Revolutionen durch, aber der Kern dieser Institutionen ist zu sehr der Ausdruck der erblichen Bedürfnisse der Rasse, als dass sie nicht immer wiederkehren müssten. Die unaufhörliche Wandelbarkeit der Massen erstreckt sich nur auf ganz äußerliche Dinge. In Wahrheit besitzen sie ebenso ursprüngliche Instinkte konservativer Art wie alle primitiven Wesen. Ihre fetischistische Ehrfurcht vor der Tradition ist absolut, ihr unbewusster Abscheu vor allen Neuerungen, die ihre realen Lebensbedingungen zu ändern vermöchten, wurzelt sehr tief. Hätten die Demokratien die Macht, über die sie heute verfügen, in der Epoche der Erfindung der mechanischen Webstühle, der Dampfmaschine, der Eisenbahnen besessen, so wäre die Realisation dieser Erfindungen unmöglich oder nur auf Kosten zahlreicher Revolutionen und Metzeleien möglich gewesen. Es trifft sich glücklich für den Kulturfortschritt, dass die Macht der Massen erst dann zu blühen begann, als die großen Entdeckungen der Wissenschaft und der Industrie bereits da waren.

§ 5 Sittlichkeit der Massen

Verstehen wir unter Sittlichkeit (moralité) die Beachtung gewisser sozialer Konventionen und die beständige Unterdrückung der egoistischen Impulse, dann liegt es auf der Hand, dass die Massen zu impulsiv und wandelbar sind, um der Sittlichkeit fähig zu sein. Befassen wir aber unter dem Begriff der Sittlichkeit das momentane Auftreten gewisser Eigenschaften, wie Entsagung, Ergebenheit, Uninteressiertheit, Selbstaufopferung, Rechtsgefühl, dann können wir im Gegenteil sagen, die Massen sind oft eines sehr hohen Maßes von Sittlichkeit fähig.

Die wenigen Psychologen, die sich mit dem Studium der Massen abgegeben haben, betrachteten sie nur im Hinblick auf ihre verbrecherischen Handlungen. Und da sie die Häufigkeit dieser Handlungen gewahrten, so betrachteten sie die Massen als auf einem sehr niedrigen Sittlichkeitsniveau stehend.

Gewiss ist es oft so; warum aber? Einfach deshalb, weil die Instinkte zerstörerischer Wildheit Überbleibsel der Urzeit sind, die im Innern eines jeden von uns schlummern. Das isolierte Individuum könnte in seinem Leben diese Instinkte nur mit Gefahr befriedigen, während dessen Absorption durch eine unverantwortliche Masse, die ihm Straflosigkeit sichert, die völlige Freiheit der Instinktbefriedigung gewährt. Da wir diese Zerstörungstriebe gewöhnlich nicht gegenüber unseren Mitmenschen betätigen können, so beschränken wir uns auf deren Ausübung den Tieren gegenüber. Aus derselben Quelle entspringen die so verbreitete Jagdleidenschaft und die Grausamkeitsakte der Massen. Die Masse, welche ein wehrloses Opfer langsam zu Tode quält, bekundet eine sehr feige Grausamkeit. Für den Philosophen aber ist diese Grausamkeit in hohem Maße der der Jäger verwandt, die dutzendweise zusammenkommen, um das Vergnügen des Anblicks zu genießen, wie ihre Hunde einen unglücklichen Hirschen verfolgen und zerreißen.

Wohl ist die Masse zu Mordtaten, Brandstiftung und zu Verbrechen aller Art fähig, aber ebenso auch zu Akten hoher Hingebung, Aufopferung und Uneigennützigkeit, viel mehr sogar als das isolierte Individuum. Wenn man das Ruhm- und Ehrgefühl, das religiöse und patriotische Gefühl anruft, so wirkt man besonders auf das Individuum als Massenglied.

Die Geschichte bietet Beispiele, welche dem der Kreuzzüge und der Freiwilligen von dreiundneunzig analog sind. Nur die Gesamtheiten sind hoher Uneigennützigkeit und Hingebung fähig. Wie viele Massen haben sich für Überzeugungen, Ideen und Wörter, die sie kaum verstanden, heroisch hinschlachten lassen! Die Massen streiken oft mehr, um einer Parole zu gehorchen, als zur Erlangung einer Erhöhung des spärlichen Lohnes, mit dem sie sich begnügen.

Während der persönliche Vorteil beim isolierten Individuum so ziemlich die einzige Triebfeder ist, ist er bei den Massen sehr selten vorherrschend. Es ist wahrlich nicht der Eigennutz, was die Massen in so vielen, für ihren Verstand oft so unbegreiflichen Kriegen leitete, in denen sie sich ebenso leicht niedermetzeln ließen als die durch den vom Jäger gehandhabten Spiegel hypnotisierten Lerchen.

Selbst ausgemachten Schuften verleiht oft das Zusammensein in der Masse für den Augenblick sehr sittliche Grundsätze. Taine zeigt, dass die Menschenschlächter der Septembertage die Brieftaschen und Schmuckstücke, die sie bei ihren Opfern vorfanden und die sie leicht hätten an sich nehmen können, bei den Ausschüssen niederlegten. Die heulende, elende Volksmasse, die in der Revolution vom Jahre 1848 die Tuilerien besetzte, nahm nichts von den Gegenständen, die sie blendeten und von denen ein jeder das Brot für viele Tage bedeutet hätte.

Diese Versittlichung des einzelnen durch die Masse ist gewiss keine konstante, aber doch eine häufig stattfindende Regel. Selbst in Verhältnissen, die viel weniger ernst, als die von mir angeführten sind, ist sie zu konstatieren. Wie ich bereits sagte, verlangt im Theater die Masse vom Helden des Dramas übertrieben hohe Tugenden, und es zeigt die alltägliche Beobachtung, dass eine, selbst aus niedrigen Elementen bestehende Zuhörerschaft sich allgemein als sehr prüde erweist. Der Lebemann von Beruf, der Aushälter, der spottsüchtige Gassenjunge murren oft bei einer etwas gewagten Szene oder einer schlüpfrigen Rede, die doch, im Vergleich mit ihren üblichen Unterhaltungen, recht harmlos ist.

Frönen also die Massen oft niedrigen Instinkten, so bieten sie oft wieder ein Beispiel hochsittlichen Handelns. Sind Uneigennützigkeit, Entsagung, absolute Hingebung an ein utopisches oder lebensvolles Ideal sittliche Tugenden, dann kann man sagen, die Massen besitzen diese Tugenden oft in so hohem Maße, wie es bei den weisesten Philosophen selten erreicht worden ist. Gewiss üben sie diese Tugenden unbewusst aus, aber das tut nichts. Beklagen wir es nicht zu sehr, dass die Massen wesentlich durch das Unbewusste sich leiten lassen, und räsonieren wir nicht darüber. Hätten sie zuweilen nachgedacht und ihre augenblicklichen Interessen zurate gezogen, vielleicht hätte sich dann keine Zivilisation auf der Oberfläche unseres Planeten entfaltet, und die Menschheit wäre ohne Geschichte geblieben.

3. Kapitel

Ideen, Schlussvermögen und Einbildungskraft der Massen

§ 1 Die Ideen der Masse

In meiner früheren Arbeit, wo ich die Bedeutung der Ideen für die Entwicklung der Völker untersuchte, habe ich gezeigt, dass jede Zivilisation sich aus einer geringen Anzahl selten erneuter Grundideen herleitet. Ich habe dort dargetan, wie diese Ideen sich in der Massenseele ausbreiten, mit welcher Schwierigkeit sie in sie eindringen und welche Macht sie hierauf gewinnen. Wir sahen schließlich, wie die großen historischen Erschütterungen meistens aus der Veränderung dieser Grundideen entspringen.

Da ich diesen Gegenstand hinlänglich behandelt habe, so werde ich hier nicht auf ihn zurückkommen, und ich will mich darauf beschränken, einiges betreffs der den Massen zugänglichen Ideen und der Formen, in welchen sie dieselben erfassen, zu sagen.

Man kann sie in zwei Klassen einteilen. Zu der einen zählen wir die unter dem Einfluss des Augenblicks entstandenen zufälligen und flüchtigen Ideen, z. B. die Vorliebe für eine Person oder eine Lehre, zur anderen die

Grundideen, denen das Milieu, die Vererbung, der Glaube eine sehr große Stabilität verleihen, wie z. B. die religiösen Glaubenssätze von ehemals, die demokratischen und sozialen Ideen von heute.

Man kann sich die Grundideen als die Wassermasse eines langsam dahinströmenden Flusses, die flüchtigen Ideen als die kleinen immer wechselnden Wellen vorstellen, welche seine Oberfläche erregen und, wiewohl ohne wirkliche Bedeutung, sichtbarer sind als der Flusslauf selbst.

In der Gegenwart geraten die großen Fundamentalideen, von denen unsere Väter lebten, immer mehr ins Wanken. Sie haben alle Festigkeit eingebüßt, und zugleich zeigen sich die auf ihnen beruhenden Institutionen völlig erschüttert. Täglich bilden sich viele jener kleinen Ideen, von denen ich eben sprach, nur wenige von ihnen aber scheinen zu wachsen und einen überwiegenden Einfluss gewinnen zu wollen.

Welcher Art auch die den Massen suggerierten Ideen sein mögen, sie können nur zur Herrschaft gelangen, wenn sie eine ganz bestimmte und einfache Gestalt annehmen. Sie stellen sich dann als Bilder dar und sind den Massen nur in dieser Form zugänglich. Diese Gedankenbilder sind miteinander durch kein logisches Band der Analogie oder Sukzession verbunden, sie können einander vertreten wie die Gläser einer Laterna Magica, die der Experimentator der Schachtel, in der sie übereinander gelagert waren, entnimmt. Aus diesem Grunde kann man bei den Massen die entgegengesetzten Ideen nebeneinander sich erhalten sehen. Wie es der Augenblick mit sich bringt, ist die Masse dem Einfluss einer der verschiedenen in ihrem Intellekt aufgespeicherten Ideen ausgesetzt und kann demzufolge die verschiedenartigsten Handlungen begehen. Ihr völliger Mangel an kritischem Geist lässt sie die Widersprüche nicht gewahren.

Das ist aber kein den Massen ausschließlich eigenes Phänomen, es findet sich auch bei vielen isolierten Individuen, nicht bloß beim primitiven Menschen, sondern auch bei allen, die durch eine Seite ihres Geistes, wie etwa die Anhänger eines starken religiösen Glaubens, den Primitiven sich nähern.

Ich habe es in erstaunlichem Grad bei gelehrten Hindus, die an europäischen Universitäten studierten und promovierten, konstatiert. Auf der festen Grundlage ihrer ererbten religiösen oder sozialen Ideen hatte sich, ohne dieselben zu stören, ein Grundstock abendländischer Ideen ohne Verwandtschaft mit jenen aufgeschichtet. Je nach den Zufälligkeiten des Augenblicks kamen bald die einen, bald die anderen samt ihrem besonderen Gefolge von Handlungen oder Reden zum Vorschein, und dasselbe Individuum bot so die offenbarsten Widersprüche dar, Widersprüche mehr scheinbarer als wirklicher Art freilich, denn bloß die ererbten Ideen sind mächtig genug, um beim isolierten Individuum Motive des Verhaltens zu werden. Nur dann, wenn der Mensch infolge von Kreuzungen sich zwischen den Einflüssen verschiedener Erbschaften befindet, können seine Handlungen wirklich von einem Augenblick zum andern sich völlig widersprechen. Es hat keinen Zweck, hier bei diesen Erscheinungen zu verweilen, so groß auch ihre psychologische Bedeutung ist. Es bedarf meiner Meinung nach wenigstens zehnjähriges Reisen und Beobachten zu ihrem Verständnis.

Da die Ideen den Massen nur in sehr einfacher Gestalt zugänglich sind, so müssen sie, um populär zu werden, oft völlig sich umformen. Besonders bei etwas höheren philosophischen oder wissenschaftlichen Ideen lässt sich dieses Maß von Modifikationen ersehen, deren sie bedürfen, um von Schicht zu Schicht bis zum Niveau der Massen herunterzusteigen. Diese Modifikationen sind abhängig von der Art der Masse oder der Rasse, der sie angehört, aber stets bestehen sie in Verringerungen und Vereinfachungen. Daher gibt es für den sozialen Gesichtspunkt in Wahrheit keine Hierarchie der Ideen, das heißt mehr oder weniger hoher Ideen. Schon dadurch, dass eine Idee zu den Massen gelangt und hier zu wirken vermag, ist sie, mag sie ursprünglich noch so groß und wahr gewesen sein, beinahe alles dessen beraubt, was ihre Größe und Erhabenheit ausmacht.

Übrigens ist, vom sozialen Gesichtspunkt betrachtet, der hierarchische Wert einer Idee bedeutungslos. Was zu beachten ist, sind die von ihr erzeugten Wirkungen. Die christlichen Ideen des Mittelalters, die demokratischen Ideen des 18. Jahrhunderts, die sozialen Ideen der Gegenwart sind gewiss nicht besonders groß, man kann sie in philosophischer Beziehung nur als ziemlich armselige Irrtümer betrachten. Und doch besaßen und werden sie eine ungeheure Bedeutung besitzen, und lange werden sie zu den wesentlichsten Faktoren des Verhaltens der Staaten zählen.

Auch nach ihren Umformungen, durch die sie den Massen zugänglich wird, wirkt die Idee erst, wenn sie, auf einem noch zu untersuchenden Weg, in das Unbewusste gedrungen und zu einem Gefühl geworden ist, was stets lange Zeit braucht.

Man darf in der Tat nicht glauben, eine Idee könne bloß durch den Beweis ihrer Richtigkeit selbst auch nur bei den Gebildeten ihre Wirkungen erzielen. Wir überzeugen uns davon, sobald wir sehen, wie wenig Einfluss eine noch so klare Beweisführung auf die Mehrzahl der Menschen hat. Ein unterrichteter Zuhörer wird die Evidenz des Beweises, wenn sie am Tage liegt, anerkennen, aber das Unbewusste in ihm wird ihn bald zu seinen ursprünglichen Anschauungen zurückbringen. Nach Verlauf einiger Tage wird er uns seine alten Argumente mit genau denselben Worten vorbringen. Er befindet sich tatsächlich unter dem Einfluss älterer Ideen, die gefühlsmäßig geworden sind; sie sind es, die auf die tiefliegenden Motive unseres Handelns und Sprechens einwirken. Bei den Massen kann es sich nicht anders verhalten.

Ist aber eine Idee auf diesem oder jenem Weg endlich in die Massenseele eingedrungen, dann besitzt sie eine unwiderstehliche Macht und entfaltet eine ganze Reihe von Wirkungen, die man über sich ergehen lassen muss. Die philosophischen Ideen, welche zur französischen Revolution geführt haben, brauchten fast ein Jahrhundert, um in der Massenseele Wurzel zu fassen. Ihre unwiderstehliche Gewalt, die sie dann erlangten, ist bekannt. Der Ansturm eines ganzen Volkes zur Eroberung der sozialen Gleichheit, zur Verwirklichung abstrakter Rechte und idealer Freiheiten erschütterte alle Throne und erregte in der abendländischen Welt einen völligen Umsturz. Zwanzig Jahre lang fielen die Völker übereinander her, und Europa erlebte Hekatomben, die Dschingis Khan und Tamerlan erschreckt hätten. Nie sah die Welt in solchem Maß, was die Entfesselung einer Idee zu leisten vermag.

Die Ideen brauchen lange Zeit, um in der Massenseele Fuß zu fassen, aber ebenso lang währt es, bis sie aus dieser schwinden. Die Massen sind daher hinsichtlich der Ideen stets mehrere Generationen hinter der Wissenschaft und Philosophie zurück. Alle Staatsmänner wissen heute wohl, wie viel Irrtum in den von mir angeführten Ideen steckt, da aber deren Einfluss noch sehr groß ist, so sind sie genötigt, nach Grundsätzen zu regieren, an deren Wahrheit sie nicht mehr glauben.

§ 2 Die Schlüsse der Massen

Dass die Massen keine Schlüsse ziehen und Schlussfolgerungen nicht zugänglich seien, kann man nicht eigentlich sagen. Aber die von ihnen verwendeten Argumente und jene, die auf sie zu wirken vermögen, sind in logischer Beziehung so untergeordneter Art, dass man sie nur per analogiam als Schlüsse qualifizieren darf.

Wie die höheren Schlüsse, so beruhen auch die niederen Schlussfolgerungen der Massen auf Assoziationen, aber die von den Massen assoziierten Gedanken lassen kein anderes Band als das der Analogie oder der Sukzession erkennen. Sie verketten sich wie jene des Eskimo, der aus Erfahrung weiß, dass das Eis, ein durchsichtiger Körper, im Munde schmilzt, und daraus schließt, das Glas, ebenfalls ein durchsichtiger Gegenstand, müsse auch im Munde schmelzen; oder wie jene des Wilden, der sich einbildet, wenn er das Herz eines tapferen Feindes verzehrte, erwerbe er dessen Tapferkeit; oder auch jenen des Arbeiters, der von seinem Chef ausgebeutet wurde und nun ohne weiteres schließt, alle Unternehmer seien Ausbeuter.

Assoziationen zwischen ganz unähnlichen Dingen mit nur oberflächlichen Beziehungen, und eilfertige Verallgemeinerung von Einzelfällen, das sind die Merkmale des Massen-Denkens. Schlussfolgerungen solcher Art sind es, was ihnen durch jene dargeboten wird, die sie zu behandeln wissen; es sind auch die einzigen, die auf sie Einfluss haben können. Eine logische Schlusskette ist den Massen gänzlich unbegreiflich, und deshalb darf man behaupten, dass sie nicht oder falsch schließen und durch Logik nicht zu beeinflussen sind. Oft staunen wir bei der Lektüre über die Schwäche gewisser Reden, die gleichwohl auf die Massen, vor denen sie gehalten wurden, einen ungeheuren Eindruck gemacht haben. Aber man vergisst, dass sie dazu bestimmt waren, Mengen hinzureißen, nicht aber von Philosophen gelesen zu werden. Der Redner, der mit der Masse in innigem Kontakt steht, weiß die Bilder hervorzurufen, durch die sie verführt werden. Gelingt ihm dies, so ist sein Ziel erreicht, und zwanzig Bände Reden wiegen die paar Phrasen nicht auf, die in das zu besiegende Gehirn eindrangen.

Es ist überflüssig, zu bemerken, dass die Unfähigkeit der Massen zum richtigen Schließen sie jeglicher Spur kritischen Geistes beraubt, so dass sie nicht imstande sind, Wahrheit und Irrtum zu unterscheiden und irgend etwas scharf zu beurteilen. Die von den Massen angenommenen Urteile sind nur eingeflößte, niemals geprüfte Urteile. In dieser Beziehung erheben sich sehr viele Menschen nicht über die Masse. Die Leichtigkeit, mit der gewisse Meinungen allgemein werden, hängt vor allem mit der Unfähigkeit der meisten Menschen zusammen, sich auf Grund ihrer eigenen Schlüsse eine besondere Meinung zu bilden.

§ 3 Die Einbildungskraft der Massen

Wie bei allen Wesen, bei denen das logische Denken nicht ins Spiel kommt, ist die Einbildungskraft der Massen sehr mächtig, sehr wirksam und lebhaft erregbar. Die durch eine Person, ein Ereignis, einen Unglücksfall in ihnen ausgelösten Vorstellungsbilder besitzen beinahe die Lebhaftigkeit der wirklichen Gegenstände. Ein wenig gleichen die Massen dem Schläfer, dessen zeitweilig aufgehobenes Denken in seinem Bewusstsein Bilder entstehen lässt, die äußerst intensiv sind, sich aber schnell verflüchtigen würden, könnten sie ins Licht der Reflexion fallen. Die Massen, die weder der Reflexion noch des logischen Denkens fähig sind, kennen das Unwahrscheinliche nicht; nun sind aber gerade die unwahrscheinlichsten Dinge in der Regel die am meisten auffallenden.

Daher werden die Massen stets durch die wunderbaren und legendären Seiten der Ereignisse am stärksten ergriffen. Bei der Analyse einer Zivilisation findet man, das Wunderbare und Sagenhafte ist in Wirklichkeit die ganze Stütze derselben. In der Geschichte hat der Schein allezeit eine größere Rolle als die Wirklichkeit gespielt. Das Irreale hat stets den Vorrang vor dem Realen.

Die Massen können nur in Bildern denken und lassen sich nur durch Bilder beeinflussen. Bloß diese schrecken oder verführen sie und werden zu Motiven ihres Handelns.

So haben denn auch die Theatervorstellungen, die das Bild in klarster Sichtbarkeit geben, auf die Massen stets einen ungeheuren Einfluss. Brot und Spiele bildeten dereinst für den römischen Plebs das Glücksideal, über das nichts ging. Und dieses Ideal hat sich im Laufe der Zeiten wenig geändert. Durch nichts wird die Phantasie der Massen aller Art so stark erregt als durch Theatervorstellungen. Die ganze Versammlung empfindet gleichzeitig dieselben Gefühle, und wenn sich diese nicht sofort in Handlungen umsetzen, so geschieht das eben nur, weil auch der unverständlichste Zuschauer nicht im Zweifel sein kann, dass er das Opfer einer Illusion ist und dass er über Abenteuer, die nur in der Phantasie bestehen, gelacht oder geweint hat. Oft aber sind die durch die Bilder ausgelösten Gefühle so stark, dass sie, gleich den gewöhnlichen Suggestionen, die Tendenz zur Umsetzung in Handlungen aufweisen. Wiederholt wurde die Geschichte von jenem Volkstheater erzählt, welches nur Trauerspiele aufführte und den Schauspieler, der die Rolle des Verräters innehatte, nach Vorstellungsschluss beschützen musste, um ihn den Angriffen der über die, wenn auch nur imaginären, Verbrechen dieses Verräters empörten Zuschauer zu entziehen. Es ist das meiner Meinung nach eines der markantesten Beispiele für den geistigen Zustand der Massen und besonders für die Leichtigkeit, mit der man ihnen etwas suggeriert. Das Unwirkliche beeinflusst sie fast ebenso stark wie das Wirkliche. Sie haben die sichtliche Tendenz, zwischen beiden keinen Unterschied zu machen.

Auf die Phantasie des Volkes gründet sich die Macht der Eroberer und die Kraft der Staaten; auf sie besonders muss man wirken, will man die Massen hinreißen. Alle bedeutenden geschichtlichen Ereignisse, die Entstehung des Buddhismus, des Christentums, des Islam, der Reformation, der Revolution und in der Gegenwart der drohende Einbruch des Sozialismus, sind die unmittelbaren oder entfernten Folgen starker Eindrücke auf die Massenphantasie.

Es haben denn auch die großen Staatsmänner aller Zeiten und Länder, inbegriffen die absolutesten Despoten, in der Volksphantasie die Basis ihrer Macht erblickt, und sie haben niemals versucht, gegen sie zu regieren. „Ich habe", sagte Napoleon zum Staatsrat, „den Krieg in der Vendée beendigt, indem ich katholisch wurde, in Ägypten habe ich Fuß gefasst, dadurch, dass ich mich zum Muselmann machte, und die italienischen Priester gewann ich, indem ich ultramontan wurde. Würde ich über ein jüdisches Volk herrschen, so würde ich den Salomonischen Tempel wieder aufbauen lassen." Seit Alexander und Caesar hat vielleicht niemals ein großer Mann besser gewusst, wie auf die Massenphantasie Eindruck zu machen ist; Napoleons ständige Sorge war, sie zu erregen. Darauf sann er in seinen Siegen, seinen Reden, seinen Abhandlungen, seinen Handlungen - und noch auf seinem Totenbett.

Wie macht man auf die Massenphantasie Eindruck? Wir werden es gleich sehen. Einstweilen sei nur gesagt, es geschieht niemals durch den Versuch, auf Verstand und Vernunft, d. h. durch Logik zu wirken. Nicht mittelst einer gelehrten Rhetorik vermochte Antonius das Volk gegen die Mörder Caesars aufzuwiegeln, sondern dadurch, dass er ihnen Caesars Testament vorlas und ihnen Caesars Leichnam zeigte.

Alles, was die Phantasie der Massen erregt, stellt sich in der Form eines ergreifenden und klaren Bildes dar, das allen Nebensinnes bar ist oder nur einige wunderbare oder geheimnisvolle Tatsachen im Gefolge hat: einen großen Sieg, ein großes Wunder, ein großes Verbrechen, eine große Hoffnung. Hundert kleine Verbrechen oder hundert kleine Unfälle werden auf die Massenphantasie nicht die geringste Wirkung ausüben, wohl aber wird jene durch ein einziges großes Verbrechen, einen einzigen großen Unfall, möge er auch viel weniger mörderisch als die hundert kleinen Unfälle zusammengenommen sein, tief erschüttert. Die Influenzaepidemie, infolge deren vor einigen Jahren in Paris fünftausend Menschen innerhalb weniger Wochen starben, machte auf die Volksphantasie wenig Eindruck. Freilich ward diese wahre Hekatombe nicht durch ein sichtbares Bild kenntlich, sondern nur durch die täglichen statistischen Berichte. Ein Unfall, der statt fünftausend nur fünfhundert Menschenleben verschuldet hätte, aber dies an einem einzigen Tage, auf einem öffentlichen Platz, in recht sichtbarer Weise, z. B. der Zusammenbruch des Eifelturmes, hätte im Gegenteil einen ungeheuren Eindruck auf die Einbildungskraft ausgeübt. Der wahrscheinliche Verlust eines Ozeanfahrers, von dem man irrtümlich glaubte, er sei auf hoher See untergegangen, erregte die Massenphantasie acht Tage lang außerordentlich. Nun zeigt die Statistik, dass in demselben Jahr tausend große Schiffe verloren gingen. Aber um diese sukzessiven Verluste, die doch viel größere Menschenleben- und Warenzerstörungen bedeuten, als bei dem erwähnten Ozeanfahrer es hätte vorkommen können, kümmerten sich die Massen nicht einen Augenblick.

Nicht die Tatsachen als solche sind es also, was die Volksphantasie erregt, sondern die Art und Weise, wie sie sich verteilen und darstellen. Sie müssen, sozusagen, durch ihre Verdichtung ein packendes Bild, welches die Seele erfüllt und ergreift, bewirken.

Wer die Kunst, die Einbildungskraft der Massen zu erregen, kennt, der kennt auch die Kunst, sie zu regieren.

4. Kapitel

Die religiösen Formen der kollektiven Überzeugungen

Wir haben dargetan, dass die Massen nicht logisch schließen, dass sie vielmehr Ideen en bloc annehmen oder verwerfen, weder Diskussion noch Widerspruch dulden, und dass die auf sie einwirkenden Suggestionen die Sphäre ihres Verständnisses völlig in Anspruch nehmen und sogleich in Handlungen sich umzusetzen bestreben. Wir haben gezeigt, dass die gehörig suggestionierten Massen bereit sind, sich für das ihnen suggerierte Ideal zu opfern. Wir sahen auch, dass sie nur heftige und extreme Gefühlsausbrüche kennen und dass bei ihnen die Sympathie rasch zur Anbetung wird und dass sie sich, kaum entstanden, in Hass verwandelt. Diese allgemeinen Angaben lassen uns schon die Art ihrer Überzeugung ahnen.

Die nähere Untersuchung der Masse-Überzeugungen, wie sie ebenso in den Zeiten des Glaubens als in den großen politischen Erhebungen etwa im verflossenen Jahrhundert auftreten, ergibt, dass diese Überzeugungen stets eine besondere Form annehmen, die ich nicht besser zu bestimmen vermag, als durch den Namen des religiösen Gefühls.

Dieses Gefühl besitzt sehr einfache Merkmale: Anbetung eines vermeintlichen höheren Wesens, Furcht vor der ihm zugeschriebenen magischen Gewalt, blinde Ergebung unter dessen Befehle, Unfähigkeit zur Diskussion über dessen Dogmen, Streben nach deren Verbreitung, Tendenz, jene als Feinde zu betrachten, die sie nicht annehmen. Ein solches Gefühl mag sich auf einen unsichtbaren Gott, auf ein steinernes oder hölzernes Idol, auf einen Helden oder auf eine politische Idee richten; sobald es die angeführten Merkmale aufweist, ist es religiösen Charakters. Das Übernatürliche und das Wunderbare finden sich hier in gleichem Maße. Die Massen bekleiden unbewusst die politische Formel oder den siegreichen Anführer, der sie für den Augenblick zur Schwärmerei verführt, mit einer mystischen Gewalt.

Nicht bloß, wenn man eine Gottheit verehrt, ist man religiös, sondern auch dann, wenn man alle Kräfte des Geistes, alle Willensergebung, alle Gluten des Fanatismus dem Dienst einer Ursache oder eines Wesens weiht, welches zum Ziel und Führer der Gedanken und Handlungen wird.

Zum religiösen Gefühl gehören notwendig Intoleranz und Fanatismus. Sie sind unausbleiblich bei jenen, welche sich im Besitz des Geheimnisses des irdischen oder himmlischen Glücks glauben. Diese beiden Züge finden sich bei allen zu Gruppen vereinigten Menschen, wenn irgend ein Glaube sie erhebt. Die Jakobiner der Schreckenstage waren ebenso tief religiös als die Katholiken der Inquisition, und ihr grausamer Eifer entfloss der gleichen Quelle.

Die Überzeugungen der Massen nehmen die dem religiösen Gefühl eigenen Eigenschaften der blinden Ergebenheit, der grausamen Intoleranz und des Bedürfnisses nach gewaltsamer Propaganda an; daher kann man sagen, alle ihre Glaubensinhalte haben eine religiöse Form. Der Held, dem die Masse zujubelt, ist für sie in der Tat ein Gott. Napoleon war es fünfzehn Jahre lang, und nie hat eine Gottheit eifrigere Anbeter gehabt. Auch sandte keine die Menschen leichter in den Tod. Die Götter des Heidentums und des Christentums übten niemals eine vollkommene Herrschaft auf die von ihnen gewonnenen Seelen aus.

Alle Stifter eines religiösen oder politischen Glaubens haben diesen nur dadurch begründet, dass sie es verstanden, den Massen jene Gefühle des Fanatismus einzuflößen, welche bewirken, dass der Mensch sein Glück in der Anbetung und im Gehorsam findet und gewillt ist, sein Leben für sein Idol zu lassen. So war es zu allen Zeiten. Fustel de Coulanges bemerkt in seinem schönen Buch über das römische Gallien, dass das römische Imperium sich keineswegs durch die Kraft, sondern durch die religiöse Bewunderung, die es einflößte, erhielt. „Es wäre in der Weltgeschichte ohne Beispiel, dass eine von den Völkern verabscheute Herrschaft fünf Jahrhunderte gewährt hat. (…) Es wäre unerklärbar, dass dreißig Legionen des Kaiserreichs hundert Millionen Menschen zum Gehorsam habe zwingen können." Sie gehorchten, aber nur, weil der Kaiser, der die Größe Roms repräsentierte, einmütig als Gott verehrt wurde. Im kleinsten Flecken des Reiches besaß der Kaiser seine Altäre. „In jener Zeit sah man, von einem Ende des Reiches zum andern, in den Seelen eine neue Religion erstehen, die zu Gottheiten die Kaiser selbst hatte. Einige Jahre vor der christlichen Ära errichtete ganz Gallien, welches durch sechzig Städte repräsentiert ward, dem Augustus gemeinsam einen Tempel bei Lyon. (…) Seine Priester, die von der Gesamtheit der gallischen Städte gewählt wurden, waren die ersten Persönlichkeiten ihres Landes. (…) Unmöglich, dies alles der Furcht und knechtischen Unterwürfigkeit zuzuschreiben. Ganze Völker sind nicht knechtisch, und sie sind es nicht drei Jahrhunderte lang. Nicht die Höflinge verehrten den Fürsten, sondern Rom; nicht Rom allein, sondern auch Gallien, Spanien, Griechenland und Asien."

Heutzutage besitzen die meisten der großen Seeleneroberer keine Altäre mehr, wohl aber Statuen oder Bilder, und der Kultus, den man mit ihnen treibt, ist von dem ihnen dereinst erwiesenen nicht erheblich verschieden. Die Philosophie der Geschichte versteht man erst dann ein wenig, wenn man sich von diesem Kardinalpunkt der Massenpsychologie recht überzeugt hat. Für die Massen muss man entweder ein Gott oder nichts sein.

Man glaube nicht, es seien das abergläubische Anschauungen einer anderen Zeit, die die Vernunft endgültig verscheucht hat. In seinem ewigen Kampf mit der Vernunft ward das Gefühl niemals besiegt. Wohl wollen die Massen die Worte der Gottheiten und der Religion, denen sie so lange Zeit dienten, nicht mehr hören, aber sie haben zu keiner Zeit so viel Fetische besessen als seit hundert Jahren, und niemals haben sich die alten Gottheiten so viele Statuen und Altäre errichten lassen. Wer in diesen letzten Jahren die unter dem Namen des Boulangismus bekannte Volksbewegung studiert hat, der konnte sehen, wie leicht die religiösen Instinkte der Massen der Erneuerung fähig sind. Kein Dorfwirtshaus gab es damals, das nicht ein Bild des Helden besaß. Man schrieb ihm die Macht zu, alle Ungerechtigkeiten, alle Übel zu steuern, und tausende Menschen hätten für ihn ihr Leben hingegeben. Welche Stelle hätte er in der Geschichte eingenommen, hätte sein Charakter nur ein wenig der um ihn gewobenen Legende Stich halten können.

Es ist denn auch eine zwecklose Banalität, wenn man betont, die Massen bedürften einer Religion; denn alle politischen, religiösen und sozialen Glaubensinhalte finden bei ihnen nur Eingang in der religiösen Form, die sie jeder Diskussion enthebt. Wäre der Atheismus den Massen zugänglich, so hätte er bei ihnen den ganzen intoleranten Eifer eines religiösen Gefühles und würde in seinen äußeren Formen bald zu einem Kultus werden.

Ein interessantes Beispiel dafür gibt uns die Entwicklung der kleinen positivistischen Sekte. Es ist ihr sehr rasch das widerfahren, was jenem Nihilisten, dessen Geschichte der tiefe Dostojewski erzählt, widerfuhr. Eines Tages vom Geiste erleuchtet, zerbrach er die Bildwerke der Gottheiten und Heiligen, welche den Altar einer Kapelle schmückten, löschte die Kerzen aus und ersetzte unverzüglich die zerstörten Bildwerke durch die Werke einiger atheistischer Denker, wie Büchner und Moleschott, und entzündete sodann pietätvoll die Kerzen. Der Gegenstand seines religiösen Glaubens war ein anderer geworden, aber hatten sich seine religiösen Gefühle geändert?

Ich wiederhole: Gewisse historische Ereignisse, und zwar gerade die wichtigsten, kann man nur verstehen, wenn man sich von jener religiösen Form, welche die Überzeugungen der Massen schließlich stets annehmen, Rechenschaft gegeben hat. Es gibt soziale Phänomene, die man mehr als Psychologe denn als Naturforscher studieren muss. Unser großer Historiker Taine hat die Revolution nur als Naturforscher studiert, und deshalb ist ihm die wirkliche Entstehung der Ereignisse recht oft entgangen. Er hat die Tatsachen vorzüglich beobachtet, aber aus Mangel an Massenpsychologie nicht immer die Ursachen jener erreicht. Da die Tatsachen ihn durch ihre blutige, anarchische und wilde Seite erschreckten, so sah er in den Helden der großen Epoche nur eine Horde epileptischer Wilder, die sich ihren Instinkten zügellos hingaben.

Die Gewalttaten der Revolution, ihre Metzeleien, ihr Bedürfnis nach Propaganda, ihre Kriegserklärungen an alle Könige erklären sich nur, wenn man bedenkt, dass sie nichts als die Befestigung eines neuen religiösen Glaubens in der Massenseele war. Die Reformation, die Bartholomäus-Nacht, die Religionskriege, die Inquisition, die Schreckenstage sind Erscheinungen derselben Art, hervorgerufen durch Massen, welche von jenen religiösen Gefühlen belebt waren, die notwendig dazu führen, schonungslos mit Feuer und Schwert alles auszurotten, was sich der Herrschaft des neuen Glaubens entgegenstellt. Das Verfahren der Inquisition ist dasjenige aller wahrhaft Überzeugten; sie wären keine Gläubigen, wenn sie anders verführen.

Umwälzungen gleich jenen, die ich erwähnte, sind nur möglich, wenn die Massenseele sie ins Leben ruft. Die absolutesten Despoten könnten sie nicht entfesseln. Wenn die Historiker uns erzählen, die Bartholomäus-Nacht sei das Werk eines Königs gewesen, so bekunden sie, dass sie die Psychologie der Massen ebenso wenig wie die der Könige verstehen. Solche Manifestationen können nur der Massenseele entspringen. Die absoluteste Macht des despotischsten Monarchen reicht nicht weiter als zu einer geringen Beschleunigung oder Verzögerung des Moments. Nicht die Könige haben die Bartholomä-us-Nacht, die Religionskriege verursacht, und nicht Robespierre, Danton oder Saint-Just sind die Urheber der Schreckenstage. Hinter solchen Ereignissen findet sich stets die Massenseele, niemals die Macht der Könige.

Zweites Buch

Anschauungen und Überzeugungen der Massen

1. Kapitel

Entfernte Faktoren der Anschauungen und Überzeugungen der Massen

Wir haben bisher die Geistesbeschaffenheit der Massen studiert. Wir kennen die Art ihres Fühlens, Denkens, Schließens. Nun wollen wir sehen, auf welche Weise ihre Meinungen und Anschauungen entstehen und sich befestigen.

Zweierlei Faktoren bestimmen diese Anschauungen und Überzeugungen: indirekte und unmittelbare Faktoren.

Die indirekten Faktoren befähigen die Massen zur Annahme gewisser Überzeugungen und verhindern das Eindringen anderer. Sie bereiten den Boden vor, auf dem man plötzlich neue Ideen keimen sieht, deren Kraft und Wirkung Staunen erregen, die aber nur dem Scheine nach spontan sind. Der Ausbruch und die Verwirklichung gewisser Ideen bei den Massen weist oft eine blitzartige Plötzlichkeit auf. Aber diese ist nur eine oberflächliche

Wirkung, hinter welcher man eine lange Vorarbeit zu suchen hat.

Die unmittelbaren Faktoren sind jene, welche zu dieser langen Arbeit, ohne die sie wirkungslos blieben, hinzukommend, die lebendige Überzeugung der Massen hervorrufen, welche also der Idee ihre Gestalt verleihen und sie mit allen ihren Folgen entbinden. Vermöge dieser unmittelbaren Faktoren ergeben sich die Resolutionen, die eine Gesamtheit zu jäher Erhebung führen; durch sie kommt es zu einem Aufruhr oder zu einem Streik; durch sie bringen riesige Majoritäten einen Menschen zur Macht oder sie stürzen eine Regierung.

Die allmähliche Wirksamkeit dieser beiden Arten von Faktoren gewahren wir in allen großen Ereignissen der Geschichte. So zählte, um nur eines der klarsten Beispiele herauszugreifen, die französische Revolution zu ihren entfernten Faktoren die Schriften der Philosophen, die Erpressungen des Adels, die Fortschritte des wissenschaftlichen Denkens. Die so vorbereitete Massenseele wurde in der Folge mit Leichtigkeit durch unmittelbare Faktoren, wie die Ansprachen der Redner und den Widerstand des Hofes gegenüber unbedeutenden Reformen, aufgerüttelt.

Zu den entfernten Faktoren gehören allgemeine Faktoren, die sich im Grunde aller Anschauungen und Glaubensmeinungen der Massen finden, nämlich die Rasse, die Tradition, die Zeit, die Institutionen und die Erziehung.

Die Bedeutung dieser mannigfaltigen Faktoren wollen wir nun untersuchen.

§ 1 Die Rasse

Der Rassenfaktor muss an die erste Stelle gesetzt werden, denn er überragt an Bedeutung alle anderen beträchtlich. Da wir ihn in einer anderen Schrift genügend untersucht haben, brauchen wir hier nicht auf ihn zurückzukommen. Wir haben in jener Schrift gezeigt, was eine historische Rasse ist, und wie sie, nachdem ihre Charaktermerkmale sich einmal gebildet haben, vermöge des Vererbungsgesetzes eine solche Macht besitzt, dass ihre Glaubenssätze, ihre Institutionen, ihre Kunst, kurz, alle ihre Kulturelemente, nur den äußeren Ausdruck für ihre Seele bilden. Wir haben dargetan, dass die Kraft der Rasse so groß ist, dass kein Element von einem Volke zum anderen übergehen kann, ohne die tiefstgehenden Umwandlungen zu erfahren.[17] Das Milieu, die Umstände, die Ereignisse stellen die sozialen Suggestionen des Augenblicks dar. Sie können von erheblichem Einfluss sein, aber dieser Einfluss ist stets, wenn er den Rassensuggestionen, d. h. der ganzen Ahnenreihe entgegengesetzt ist, ein momentaner.

---

[17] Da diese Lehre noch sehr neu und ohne sie die Geschichte völlig unbegreiflich ist, so habe ich ihrer Darlegung mehrere Kapitel meines Werkes „Die psychologischen Gesetze der Völkerentwicklung" gewidmet. Der Leser wird daraus ersehen, dass trotz täuschenden Scheines weder die Sprache, noch die Religion, noch die Kunst, noch ein Kulturelement überhaupt von einem Volke zum anderen unverändert übergehen kann.

In mehreren Kapiteln dieses Werkes werden wir noch Gelegenheit nehmen, auf den Einfluss der Rasse zurückzukommen und darzutun, dass derselbe so groß ist, dass er die Sondermerkmale der Massenseele beherrscht. Daraus ergibt sich der Umstand, dass die Massen verschiedener Länder in ihrem Glauben und Verhalten sehr beträchtliche Unterschiede aufweisen und nicht auf die gleiche Weise zu beeinflussen sind.

§ 2 Die Tradition

Die Tradition umfasst die Ideen, Bedürfnisse und Gefühle der Vorzeit. Sie ist die Synthese der Rasse und lastet mit ihrem ganzen Gewicht auf uns.

Seitdem die Embryologie den ungeheuren Einfluss der Vergangenheit auf die Entwicklung der Wesen gezeigt, haben sich die biologischen Disziplinen gewandelt, und die historischen Wissenschaften werden es ebenso, sobald dieser Gedanke verbreiteter sein wird. Noch ist er es nicht hinreichend, und viele Staatsmänner stehen noch auf dem Standpunkt der Theoretiker des verflossenen Jahrhunderts, welche glaubten, eine Gesellschaft könne mit ihrer Vergangenheit brechen und ganz neu organisiert werden, rein durch die Kraft der Vernunft. Ein Volk ist ein durch die Vergangenheit geschaffener Organismus, der, wie alle Organismen, sich nur mittelst langsamer Erbansammlungen verändern kann.

Was die Menschen, besonders wenn sie zu Massen vereinigt sind, leitet, ist die Überlieferung; nur die Namen, die äußeren Formen derselben ändern sich leicht, wie ich schon betonte.

Das ist nicht zu bedauern. Ohne Überlieferung keine Volksseele, keine Zivilisation. So bestanden denn auch die zwei großen Beschäftigungen des Menschen seit seinem Auftreten in der Schaffung eines Netzes von Überlieferungen und in deren Zerstörung nach Verbrauch ihrer nützlichen Wirkungen. Ohne Tradition keine Zivilisation, ohne langsame Ausschaltung derselben kein Fortschritt. Die Schwierigkeit besteht darin, das richtige Gleichgewicht zwischen Stabilität und Variabilität zu finden, und diese Schwierigkeit ist ungeheuer. Hat ein Volk durch viele Generationen seine Gewohnheiten zu fest werden lassen, so kann es sich nicht ändern und wird, wie China, unfähig zur Vervollkommnung. Gewaltsame Revolutionen helfen da nichts, denn dann geschieht es entweder, dass die zerbrochenen Glieder der Kette sich wieder zusammenlöten und die Vergangenheit ohne Wechsel ihre Herrschaft aufnimmt, oder dass die Bruchstücke zerstreut bleiben, und dann folgt der Anarchie bald die Entartung.

Es ist also das Ideal für ein Volk, die Institutionen der Vergangenheit zu bewahren und sie nur unmerklich und schrittweise umzuwandeln. Es ist das ein schwer erreichbares Ideal. Im Altertum waren die Römer, in der Neuzeit die Engländer ziemlich die einzigen, die es verwirklicht haben.

Die zähesten Bewahrer der traditionellen Ideen, die sich am hartnäckigsten deren Wechsel widersetzen, sind gerade die Massen und besonders jene, aus denen die Kasten bestehen. Ich habe bereits auf den konservativen Geist der Massen hingewiesen und gezeigt, dass die gewaltsamen Revolten nur auf einen Wandel der Worte hinauslaufen. Gegen Ende des 18. Jahrhunderts konnte man angesichts der verjagten oder guillotinierten Priester, der allgemeinen Verfolgung des katholischen Kultus glauben, die alten religiösen Ideen hätten alle ihre Macht eingebüßt; und dennoch vergingen nur einige Jahre, da musste infolge der allgemeinen Forderungen der abgeschaffte Kultus wieder eingesetzt werden.[18] Für einen Augenblick verlöscht, hatten die Überlieferungen ihre Herrschaft wieder aufgenommen.

Es gibt kein Beispiel, welches die Macht der Überlieferung auf die Massenseele besser zeigt. Nicht in den Tempeln wohnen die furchtbarsten Idole, nicht in den Palästen die despotischsten Tyrannen. Sie können in einem Augenblick gestürzt werden; aber die unsichtbaren

---

[18] Sehr klar ist in dieser Hinsicht der Bericht des alten Konventsmitgliedes Fourcroy, den Taine zitiert: „Alles, was man betreffs der Sonntagsfeier und des Kirchenbesuchs sieht, bezeugt, dass die Masse der Franzosen zu den alten Gebräuchen zurückkehren will, und es ist nicht mehr an der Zeit, diesem nationalen Hang sich zu widersetzen. (…) Die große Masse der Menschen braucht eine Religion, einen Kultus, Priester. Es ist ein Irrtum moderner Philosophen, dem ich selbst erlegen bin, an die Möglichkeit einer Bildung zu glauben, die genug verbreitet ist, um die religiösen Vorurteile zu zerstören; diese sind für die große Anzahl der Unglücklichen eine Quelle des Trostes. (…) Man muss daher der Masse des Volkes ihre Priester, ihre Altäre und ihren Kultus lassen."

Herren, die in unseren Seelen herrschen, entschlüpfen jedem Aufstandsversuch und weichen nur der langsamen Abnutzung der Jahrhunderte.

§ 3 Die Zeit

Einer der kräftigsten Faktoren in den sozialen wie in den biologischen Problemen ist die Zeit. Sie ist der einzige große Erzeuger und der einzige große Zerstörer. Sie ist es, die die Berge aus Sandkörnern gemacht und die die geringe Zelle der geologischen Urzeit zur menschlichen Würde erhoben hat. Um irgend ein Ding zur Umwandlung zu bringen, genügt das Hinstreichen der Jahrhunderte. Mit Recht wird gesagt, eine Ameise, die genug Zeit hätte, könnte den Mont Blanc ebenen. Ein Wesen, das die magische Gewalt besäße, die Zeit nach Belieben wechseln zu lassen, hätte die Macht, welche von den Gläubigen Gott zugeschrieben wird.

Hier haben wir uns aber nur mit dem Einfluss der Zeit auf die Entstehung der Anschauungen der Massen zu befassen. Ihre Wirksamkeit ist in dieser Hinsicht sehr groß. Abhängig von ihr sind die großen Kräfte, wie die der Rasse, die ohne sie sich nicht bilden können. Sie lässt alle Glaubensinhalte erstehen, wachsen, absterben; sie ist es, die ihnen ihre Macht gibt und nimmt.

Die Zeit vornehmlich bereitet die Anschauungen und Überzeugungen der Massen, d. h. den Boden, auf dem sie keimen, vor. Das ist der Grund, warum gewisse Ideen nur zu einer bestimmten Zeit, nicht in einer anderen realisierbar sind. Die Zeit ist es, was jenen ungeheuren Detritus von Glaubensinhalten und Gedanken anhäuft, auf dem die Ideen einer Epoche erwachsen. Nicht durch Zufall und Ungefähr keimen sie, die Wurzel einer jeden reicht in eine weite Vergangenheit. Blühen sie, so hatte die Zeit ihre Blüte vorbereitet; um ihren Ursprung zu erfassen, muss man stets zurückgehen. Sie sind die Töchter der Vergangenheit und die Mütter der Zukunft, stets aber die Sklavinnen der Zeit.

So ist denn die Zeit wahrhaft unser Lehrer, und man braucht sie nur walten zu lassen, um alles sich umwandeln zu sehen. Wir sorgen uns heute stark ob der drohenden Ansprüche der Massen, der von ihnen angekündigten Umstürze und Umwälzungen; die Zeit allein wird uns das Gleichgewicht wiederherstellen. „Keine Ordnung", schreibt treffend Lavisse, „ist an einem Tage erstanden. Die politischen und sozialen Organisationen sind Werke, die Jahrhunderte erfordern; der Feudalismus bestand Jahrhunderte lang formlos und chaotisch, bevor er seine Regelung erfuhr; die absolute Monarchie existierte ebenfalls durch Jahrhunderte, bis sie reguläre Regierungsmittel fand, und es gab großen Wirrwarr in dieser Übergangszeit."

§ 4 Die politischen und sozialen Institutionen

Der Gedanke, Institutionen könnten sozialen Übeln steuern, der Fortschritt der Nationen sei die Folge der Vervollkommnung der Verfassungen und Regierungen, und die sozialen Umwandlungen könnten durch Dekrete sich vollziehen, dieser Gedanke ist noch sehr verbreitet. Die französische Revolution nahm ihn zum Ausgangspunkt, und die sozialen Theorien der Gegenwart stützen sich darauf.

Die fortgesetzten Erfahrungen vermochten es nicht, diesen schrecklichen Wahn ernstlich zu erschüttern. Die Philosophen und Historiker haben vergeblich versucht, die Sinnlosigkeit dieser Lehre zu beweisen. Immerhin ist es ihnen unschwer gelungen zu zeigen, dass die Institutionen Töchter der Ideen, Gefühle und Sitten sind, und dass diese Ideen, Gefühle und Sitten nicht dadurch umgestaltet werden, dass man die Gesetze umgestaltet.

Ein Volk wählt seine Institutionen nicht beliebig, ebensowenig als es die Farbe seiner Augen oder seiner Haare wählt. Institutionen und Regierungsweisen sind ein Rassenprodukt. Weit entfernt, die Schöpfer einer Epoche zu sein, sind sie deren Geschöpfe. Die Völker werden nicht nach ihren momentanen Launen, sondern gemäß ihrem Charakter regiert. Jahrhunderte erfordert die Bildung einer Staatsordnung und Jahrhunderte deren Wandel. Die Institutionen haben keine anhaftende Tugend, sie sind an sich weder gut noch schlecht. Jene, welche für ein bestimmtes Volk zu einer bestimmten Zeit gut sind, können für ein anderes verabscheuenswert sein.

Es liegt also ganz und gar nicht in der Macht eines Volkes, seine Institutionen wirklich zu ändern. Gewiss kann es auf Kosten gewaltsamer Revolutionen den Namen seiner Institutionen ändern, aber der Kern bleibt derselbe. Die Namen sind nur leere Etiketten, um die sich ein etwas tiefergehender Historiker nicht zu kümmern hat. So ist z. B. das demokratischste Land der Welt England,[19] das doch eine monarchische Verfassung hat, während der härteste Despotismus in den südamerikanischen Republiken trotz ihrer republikanischen Verfassung herrscht. Nicht die Regierung, sondern der Charakter der Völker bestimmt deren Schicksale. Diesen Gesichtspunkt habe ich in einer meiner frühen Schriften, auf bestimmte Beispiele mich stützend, zu erhärten gesucht.

Es ist demnach ein kindisches Unterfangen, eine zwecklose rhetorische Übung, wenn man die Zeit mit der Verfertigung von Konstitutionsakten vergeudet. Die Notwendigkeit und die Zeit übernehmen schon deren Ausarbeitung, wenn wir nur klug genug sind, diese beiden Faktoren walten zu lassen. So war es bei den Angel-

---

[19] Dies erkennen, selbst in den Vereinigten Staaten, die entschiedensten Republikaner. So schreibt die amerikanische Zeitung „Forum" nach dem Wortlaut, den ich der „Review of Reviews" vom Dezember 1894 entnehme: „Selbst die glühendsten Feinde der Aristokratie dürfen nie vergessen, dass heute England das demokratischste Land der Erde ist, wo die Rechte der Individuen am meisten geachtet werden, und wo die Individuen die meiste Freiheit besitzen."

sachsen, und dies sagt uns ihr großer Historiker Macaulay an einer Stelle, die von den Politikern aller lateinischen Länder auswendig gelernt werden sollte. Nach Anführung all des Guten, das sich aus den vom Gesichtspunkt der reinen Vernunft als ein Chaos von Unsinnigkeiten und Widersprüchen erscheinenden Gesetzen machen lässt, vergleicht er das Dutzend von in den Erschütterungen erstorbenen Konstitutionen der lateinischen Nationen Europas und Amerikas mit jener Englands und zeigt, dass die letztere nur äußerst langsam und teilweise unter dem Einfluss unmittelbarer Notwendigkeiten, niemals aber spekulativer Ideen wechselte. „Niemals sich um die Symmetrie, wohl aber um die Nützlichkeit sich kümmern, niemals eine Anomalie, bloß weil sie eine solche ist, entfernen, niemals Neuerungen machen, außer wenn eine Unzuträglichkeit fühlbar wird, und auch dann gerade nur soviel, um diese Unzuträglichkeit los zu werden, niemals einen Satz aufstellen, der mehr umfasst als den Fall, den man behandelt: Das sind die Regeln, die seit der Zeit Johanns bis zum Zeitalter der Königin Viktoria die Beratungen unserer 250 Parlamente allgemein geleitet haben."

Man müßte nacheinander jedes Gesetz und jede Institution eines jeden Volkes herausgreifen, um zu zeigen, in welchem Maße sie der Ausdruck der Bedürfnisse ihrer Rasse und deshalb nicht gewaltsam umzuwandeln sind. Man kann z. B. über die Vorteile und Unzukömmlichkeiten der Zentralisation philosophisch diskutieren; aber wenn wir sehen, wie ein Volk das aus sehr verschiedenen Rassen besteht, tausendjährige Anstrengungen macht, um Schritt für Schritt zu dieser Zentralisation zu gelangen, wenn wir gewahren, dass eine große Revolution, deren Ziel die Zertrümmerung aller Institutionen der Vergangenheit war, genötigt war, nicht allein diese Zentralisation zu respektieren, sondern sie sogar zu übertreiben, so können wir sagen, sie ist die Tochter gebieterischer Notwendigkeiten, ja eine Daseinsbedingung, und können nur den Mangel an Scharfblick bei den Politikern, welche von ihrer Aufhebung reden, beklagen. Gelänge ihnen dieselbe zufällig, so würde die Stunde des Gelingens sofort das Signal zu einem schrecklichen Bürgerkrieg geben,[20] der übrigens sehr schnell eine neue, noch viel drückendere Zentralisation herbeiführen würde.

Aus dem Vorstehenden ist zu folgern, dass das Mittel zur nachhaltigen Beeinflussung nicht in den Institutionen liegt. Wenn wir gewisse Länder, wie die Vereinigten Staaten, bei demokratischen Institutionen einen

---

[20] Wenn man die tiefgehenden religiösen und politischen Uneinigkeiten, welche die verschiedenen Gebiete Frankreichs trennen und die vor allem eine Rassenfrage sind, mit den separatistischen Tendenzen vergleicht, die in der Revolutionszeit auftraten und von neuem gegen das Ende des deutsch-französischen Krieges sich zeigten, so sieht man, dass die verschiedenen Rassen, die auf unserem Boden leben, noch weit von ihrer Verschmelzung miteinander entfernt sind. Die energische Zentralisation durch die Revolution und die Schöpfung künstlicher Departements, deren Zweck die Vermischung der alten Provinzen war, war gewiss ihr nützlichstes Werk. Könnte die Dezentralisation, von welcher heute die kurzsichtigen Geister so viel sprechen, hergestellt werden, sie würde zu den blutigsten Kämpfen führen. Um dies zu verkennen, muss man unsere Geschichte völlig vergessen.

hohen Grad des Gedeihens erreichen sehen, während andere, wie die spanisch-amerikanischen Republiken, trotz absolut ähnlicher Institutionen in der traurigsten Anarchie leben, so müssen wir sagen, diese Institutionen haben mit der Größe der einen ebenso wenig wie mit dem Niedergang der anderen zu tun. Was die Völker regiert, ist ihr Charakter, und alle Institutionen, die sich diesem Charakter nicht innig anschmiegen, stellen nur ein ausgeliehenes Kleid, eine vorübergehende Verkleidung dar.

Gewiß hat es blutige Kriege und gewaltige Revolutionen gegeben, und es wird ihrer geben, um Institutionen einzuführen, denen man wie den Reliquien der Heiligen die übernatürliche Macht zuschreibt, Glück zu stiften. In gewissem Sinn könnte man also sagen, die Institutionen wirken auf die Massenseele, da sie solche Erhebungen veranlassen. In Wahrheit aber sind es nicht die Institutionen, die so wirken, denn wir wissen, dass sie, sieghaft oder besiegt, an sich keinerlei Kraft besitzen. Was auf die Massenseele wirkte, waren Illusionen und Worte; besonders Worte, jene leeren und dabei machtvollen Worte, deren wunderbare Herrschaft wir bald dartun werden.

§ 5 Erziehung und Unterricht

Unter den herrschenden Ideen einer Epoche, deren kleine Zahl und - trotzdem sie oft pure Illusionen sind -

116

große Kraft wir hervorgehoben haben, nimmt heute den ersten Rang die Anschauung ein, dass der Unterricht die Menschen erheblich zu ändern vermag und als sicheres Ergebnis deren Verbesserung und sogar Gleichmachung hat. Bloß durch die Wiederholung ist dieser Satz schließlich eines der unerschütterlichsten Dogmen der Demokratie geworden, und es ist ebenso schwer, es anzutasten, als es einst sich mit den kirchlichen Dogmen verhielt.

In diesem wie in vielen andern Punkten aber hat sich ein großer Zwiespalt zwischen den demokratischen Ideen und den Tatsachen der Psychologie und der Erfahrung herausgestellt. Mehrere hervorragende Philosophen, unter anderen auch Herbert Spencer, konnten leicht dartun, dass der Mensch durch den Unterricht weder sittlicher noch glücklicher wird, dass durch ihn seine Instinkte und erblichen Leidenschaften nicht abgeändert werden, dass er oft, wenn schlecht geleitet, mehr Schaden als Nutzen bringt.

Die Statistiker bestätigten diese Ansicht, indem sie zeigten, dass das Verbrechertum mit der Verbreitung des Unterrichts oder wenigstens einer gewissen Art des Unterrichts zunimmt, dass die schlimmsten Feinde der Gesellschaft, die Anarchisten, sich oft aus den Laureaten der Schule rekrutieren. In einer neuen Arbeit hat ein hervorragender Beamter, Adolphe Guillot, berichtet, dass man jetzt 3000 gebildete gegenüber 1000 ungebildeten Verbrechern zählt, und dass innerhalb 50 Jahren das Verbrechertum von 227 auf 552 pro 100000 Einwohner gestiegen ist; das bedeutet einen Zuwuchs von 133 Prozent. In Übereinstimmung mit seinen Kollegen hat er verzeichnet, dass die Kriminalität besonders bei den jungen Leuten zunimmt, bei denen, wie man weiß, die unentgeltliche und obligatorische Schule an die Stelle des Lehrherrn getreten ist.

Nicht als ob - was ja niemand behauptet hat - der gut geleitete Unterricht nicht sehr nützlich wirken könnte, wenn schon nicht in sittlicher Hinsicht so doch wenigstens zur Entfaltung der beruflichen Fähigkeiten. Leider haben, besonders seit 25 Jahren, die lateinischen Völker ihre Unterrichtssysteme auf ganz falschen Prinzipien aufgebaut und verbleiben trotz der Bemerkungen der vortrefflichsten Köpfe in ihren beklagenswerten Irrtümern. Ich selbst habe in verschiedenen Schriften gezeigt,[21] dass unsere gegenwärtige Erziehung die Mehrzahl derjenigen, denen sie zuteil geworden, in Feinde der Gesellschaft verwandelt und dass sich aus ihnen eine zahlreiche Gefolgschaft der schlimmsten Arten des Sozialismus rekrutiert.

Die erste Gefahr dieser treffend als „lateinisch" charakterisierten Erziehung besteht darin, dass sie auf dem psychologischen Grundirrtum beruht, die Intelligenz entwickle sich durch Auswendiglernen von Lehrbüchern. Ferner hat man versucht, soviel als möglich zu lehren, und von der Volksschule bis zum Doktorat oder zur Staatsprüfung lernen die jungen Leute nur aus Büchern auswendig, ohne Ausbildung des Urteils und der Initiative. Der Unterricht bedeutet für sie Aufsagen und

---

[21] Vgl. „Psychologie du socialisme"; „Psychologie de l'éducation".

Folgen. „Lektionen lernen, eine Grammatik oder einen Abriss auswendig wissen, gut wiederholen, gut nachahmen", schreibt ein ehemaliger Unterrichtsminister, Jules Simon, „das ist eine seltsame Erziehung, bei der jede Anstrengung ein Glaubensakt gegenüber der Unfehlbarkeit des Lehrers ist und die uns nur schwächer und unvermögend macht."

Wäre diese Erziehung nur nutzlos, so könnte man sich damit begnügen, die unglücklichen Kinder zu bedauern, denen man anstatt so vieler für die Elementarschule wichtiger Dinge lieber die Genealogie der Söhne Chlotars, die Kämpfe zwischen Neustrien und Austrasien oder zoologische Klassifikationen beibringt; aber es liegt in ihr eine viel ernstere Gefahr. Sie bewirkt bei jenen, die sie genossen haben, einen starken Ekel vor den Verhältnissen, in denen sie geboren sind, und die heftige Begierde, aus ihnen herauszukommen. Der Handwerker will nicht mehr Handwerker, der Bauer nicht mehr Bauer bleiben und der kleinste Bürgersmann sieht für seine Söhne keine andere Karriere als die Stelle eines Staatsbeamten. Statt die Menschen für das Leben vorzubereiten, bereitet sie die Schule nur für Staatsämter vor, in denen man reüssieren kann, ohne sich selbst leiten oder auch nur einen Schimmer von Initiative haben zu müssen. Am Fuß der Leiter erzeugt sie jene Armeen, mit ihrem Los unzufriedener und stets zu Revolten bereiter Proletarier, oben aber unsere frivole, zugleich skeptische und gläubige Bourgeoisie mit ihrem abergläubischen Vertrauen zur Staatsvorsehung, die sie gleichwohl unaufhörlich bekrittelt, indem sie stets ihre eigenen Fehler der Regierung in die Schuhe schiebt und unfähig ist, etwas ohne die Intervention der Autorität zu unternehmen.

Der Staat, der alle seine Diplomierten mittelst Handbüchern fabriziert, kann deren nur wenige verwenden und lässt die anderen ohne Beschäftigung. Er muss also die einen ernähren und die anderen zum Feinde haben. Von der Höhe bis zur Basis der sozialen Pyramide, vom einfachen Beamten bis zum Professor oder Präfekten bestürmt heute die riesige Masse der Diplomierten die verschiedenen Ämter. Während ein Kaufmann nur schwer einen Vertreter in den Kolonien findet, werden die bescheidensten Stellen von tausenden Kandidaten angestrebt. Das Seinedepartement allein zählt 20000 beschäftigungslose Lehrer und Lehrerinnen, die in Verachtung von Feld und Werkstatt sich an den Staat um Existenz wenden. Da die Anzahl der Erwählten beschränkt ist, so muss die der Unzufriedenen ungeheuer sein. Diese letzteren sind zu allen Revolutionen bereit, gleichgültig wer die Führer und welches die Ziele derselben sind. Der Erwerb von Kenntnissen, für die man keine Verwendung finden kann, ist ein sicheres Mittel, um aus dem Menschen einen Empörer zu machen.[22]

Es ist offenbar zu spät, zu den Quellen einer solchen Strömung zurückzugehen; die Erfahrung allein, die letzte Erzieherin der Völker, wird uns unseren Irrtum zeigen. Sie allein wird mächtig genug sein, um die Notwendigkeit des Ersatzes unserer abscheulichen Handbücher, unserer kläglichen Prüfungen durch einen professionellen Unterricht zu beweisen, der fähig ist, die Jugend zu den Feldern, zu den Werkstätten, zu den kolonialen Unternehmungen zurückzuführen, die sie heutzutage um jeden Preis zu vermeiden sucht.

Dieser professionelle Unterricht, den alle aufgeklärten Geister jetzt fordern, ist jener, den einst unsere Väter empfingen und den die Völker, welche heute die

---

[22] Übrigens ist dies kein bloß den lateinischen Völkern eigenes Phänomen, es findet sich auch in China, einem in gleicher Weise von einer festen Hierarchie von Mandarinen geleiteten Land, wo das Mandarinat wie bei uns auf dem Weg von Prüfungen erlangt wird, deren einziges Erfordernis das fehlerlose Aufsagen dicker Handbücher ist. Das Heer beschäftigungsloser Graduierter gilt heute in China als wahres Nationalunglück. So verhält es sich auch in Indien, wo, seitdem die Engländer, nicht wie in England zur Erziehung, sondern nur zum Unterricht für die Eingeborenen Schulen begründet haben, eine besondere Klasse von Graduierten, die der Babus, sich gebildet hat, die, wenn sie kein Amt erhalten können, unversöhnliche Feinde der englischen Macht werden. Bei allen Babus, im Amt oder ohne Amt, war die erste Wirkung des Unterrichtes eine außerordentliche Erniedrigung der Basis ihrer Sittlichkeit. Eine Tatsache, die ich in meinem Buch „Die Zivilisationen Indiens" genau erörtert habe und die gleichermaßen von allen Autoren, die die große Halbinsel besuchten, festgestellt wurde.

Welt durch ihren Willen, ihre Initiative, ihren Unternehmungsgeist beherrschen, sich zu bewahren gewusst haben. Auf den beachtenswerten Seiten, deren wesentlichste Stücke ich weiter unten anführen werde, hat ein großer Denker, Taine, klar gezeigt, dass unsere Erziehung von ehemals ungefähr das war, was heute die englische oder amerikanische Erziehung ist, und er hat in einer beachtenswerten Parallele zwischen dem lateinischen und dem angelsächsischen System die Folgen der beiden Methoden ins hellste Licht gerückt.

Vielleicht könnte man zur Not noch alle Unzuträglichkeiten unserer klassischen Bildung hinzunehmen geneigt sein, selbst wenn sie nur Deklassierte und Unzufriedene machte, wenn der oberflächliche Erwerb so vieler Kenntnisse und das vollkommene Hersagen so vieler Lehrbücher das Niveau der Intelligenz erheben würde. Ist das aber wirklich der Fall? Ach nein! Bedingungen des Erfolges im Leben sind Urteil, Erfahrung, Initiative, Charakter - die Bücher geben nichts davon. Die Bücher sind nützliche Nachschlagewerke, und es ist durchaus unnütz, lange Fragmente aus ihnen im Kopf zu behalten.

Wie der professionelle Unterricht die Intelligenz in einem Ausmaß, das der klassischen Erziehung ganz und gar versagt ist, entfalten kann, das zeigt uns Taine ausgezeichnet.

„Die Ideen bilden sich nur in ihrem natürlichen und normalen Milieu. Ihre Keime werden genährt durch die unzähligen Wahrnehmungseindrücke, die der junge Mann täglich in der Werkstatt, im Bergwerk, auf dem Gericht, in der Schreibstube, auf der Schiffswerft, im

Spital, beim Anblick der Werkzeuge, Materialien und Operationen, in der Gegenwart der Kunden, der Arbeiter, der Arbeit, des schlecht oder recht ausgeführten, kostspieligen oder lukrativen Unternehmens empfängt; dies sind die kleinen Sonderwahrnehmungen der Augen, des Ohres, der Hände und auch des Geruches, die unwillkürlich empfangen und unwissentlich verarbeitet werden und sich in ihm organisieren, so dass sie ihm früher oder später die und die neue Kombination, Vereinfachung, Ersparung, Vervollkommnung oder Erfindung eingeben. Aller dieser kostbaren Kontakte, aller dieser assimilierbaren und unentbehrlichen Elemente ist der junge Franzose beraubt, und zwar gerade im fruchtbaren Alter; sieben oder acht Jahre hindurch ist er in einer Schule eingesperrt, fern von unmittelbarer, persönlicher Erfahrung, die ihm einen genauen und lebendigen Begriff von den Dingen, den Menschen und von den verschiedenen Weisen ihrer Behandlung gegeben hätte."

„Wenigstens neun unter zehn haben ihre Zeit und Mühe, mehrere Jahre ihres Lebens und fruchtbare, wichtige, ja entscheidende Jahre verloren. Man denke zunächst an die Hälfte oder zwei Drittel jener, die zur Prüfung gehen, ich meine die Abgewiesenen, ferner unter den Zugelassenen, Graduierten, Diplomierten noch die Hälfte oder zwei Drittel, nämlich die Überarbeiteten. Man hat von ihnen zu viel verlangt, indem man ihnen zumutete, an einem bestimmten Tag, auf einem Stuhl oder vor einer Tafel zwei Stunden hindurch in einem Zweig der Wissenschaft lebende Repertorien allen menschlichen Wissens darzustellen. Sie sind dies an diesem

Tag, zwei Stunden lang wirklich so ziemlich gewesen, aber sie sind es nicht mehr nach einem Monat, sie könnten die Prüfung nicht aufs neue bestehen; ihre zu zahlreichen und zu drückenden Erwerbungen entgleiten unaufhörlich ihrem Geist, und sie machen keine neuen. Ihre Geisteskraft hat nachgelassen, der befruchtende Saft ist vertrocknet, der erwachsene Mensch erscheint, und es ist oft der fertige Mensch. Ist dieser in seinem Beruf und verheiratet, so ist er gefasst, sich immerfort in demselben Kreis zu bewegen und verschanzt sich in seinem beschränkten Amt, das er korrekt ausfüllt, ohne aber das geringste darüber hinaus zu tun. Dies ist der Durchschnittsertrag; gewiss hält die Einnahme der Ausgabe nicht das Gleichgewicht. In England und Amerika, oder, wie einst vor 1870, auch in Frankreich, ist bei umgekehrtem Verfahren die Einnahme gleich oder größer."

Der berühmte Historiker zeigt uns dann den Unterschied zwischen unserem und dem angelsächsischen System. Die Angelsachsen haben nicht unsere zahllosen Spezialschulen, der Unterricht wird bei ihnen nicht mittels Bücher, sondern mittels der Dinge selbst erteilt. Der Techniker z. B. bildet sich in einer Fabrik, niemals in einer Schule; dadurch kann jeder den Grad erreichen, den seine Intelligenz ermöglicht, als Arbeiter oder Werkmeister, wenn er nicht weiter kommt, als Ingenieur, wenn er dazu fähig ist. Es ist das ein Verfahren, das ganz anders demokratisch und nützlich ist, als die Laufbahn eines Menschen von einer im Alter von 18 bis 20 Jahren abgelegten mehrstündigen Prüfung abhängig zu machen.

„Im Spital, im Bergwerk, in der Fabrik, beim Architekten, beim Anwalt macht der in jungen Jahren zugelassene Schüler seine Lehr- und Probezeit durch, ungefähr wie bei uns ein Schreiber in seinem Büro oder ein Malschüler im Atelier. Vorläufig und vor seinem Eintritt konnte er einige allgemeine, summarische Kurse hören, um einen Rahmen zu haben, dem er die von ihm zu machenden Beobachtungen einfügen kann. Je nach seiner Fassungskraft kann er oft technische Kurse in seiner freien Zeit besuchen, um seine täglichen Erfahrungen methodisch zu verknüpfen. Bei einer derartigen Ordnung wächst und entwickelt sich die praktische Fähigkeit von selbst, gerade bis zu dem Maß, welches durch die Anlagen des Schülers gegeben ist und in der Richtung, welche seine künftige Beschäftigung, die besondere Arbeit, der er sich von nun an widmen will, erfordert. Auf diese Weise kommt in England und in den Vereinigten Staaten der junge Mann rasch dazu, allen Gehalt, der in ihm ist, aus sich zu ziehen. Mit 25 Jahren und früher, wenn er die Voraussetzungen dazu hat, ist er nicht bloß ein nützlicher Arbeiter, sondern auch ein selbständiger Unternehmer, nicht nur ein Triebwerk, sondern noch mehr ein Motor. - In Frankreich, wo das umgekehrte Verfahren geherrscht hat und mit jeder Generation chinesischer wird, ist die Summe der verlorenen Kräfte eine riesige."

Der bedeutende Denker gelangt zu folgendem Ergebnis betreffs des zunehmenden Missverhältnisses zwischen unserer Erziehung und dem Leben.

„Auf den drei Stufen der Erziehung für die Kindheit, das Knaben- und Jünglingsalter ist die theoretische

Vorbereitung auf der Schulbank und aus Büchern verlängert und überhäuft worden, im Hinblick auf das Examen, den Grad, das Diplom und das Patent und durch die schlechten Mittel, die Anwendung einer widernatürlichen und antisozialen Methode, die übermäßige Hinausschiebung der praktischen Lehre, durch das Internat, die künstliche Begeisterung und die mechanische Anwendung, durch die Überarbeitung ohne Berücksichtigung der Zukunft, des Mannesalters und der Mannesarbeit, mit Vernachlässigung der realen Welt, in der der junge Mensch bald leben wird, der ihn umschließenden Gesellschaft, der er sich anpassen muss, will er nicht von vornherein auf alles verzichten, des menschlichen Daseinskampfes, für den er zur Verteidigung und Aufrechterhaltung vorläufig gerüstet, gewappnet, geübt, abgehärtet sein muss. Diese unentbehrliche Ausrüstung, dieser Erwerb, der wichtiger ist als jeder andere, diese Tüchtigkeit des gesunden Menschenverstandes, des Willens und der Nerven: In unseren Schulen wird er nicht gewonnen; im Gegenteil, statt den Menschen zu qualifizieren, machen sie ihn untauglich für seine künftige, definitive Stellung. Nach dem Austritt aus der Schule sind sein Eintritt in die Welt und seine ersten Schritte auf dem Feld des praktischen Wirkens sehr oft nur eine Reihe schmerzlicher Niederlagen, von denen er verwundet und für eine lange Zeit zermürbt, verkrüppelt bleibt. Es ist eine harte und gefährliche Probe, bei der das geistige und sittliche Gleichgewicht erschüttert wird und Gefahr läuft, nicht wieder hergestellt zu werden. Die Täuschung ist da, zu jäh und zu vollkommen; die Täuschung war zu stark und der Ekel zu groß."[23]

Sind wir im Vorstehenden von der Massenpsychologie abgekommen? Gewiß nicht. Wollen wir die Ideen und Überzeugungen, die hier heute keimen und morgen aufgehen werden, verstehen, so müssen wir wissen, wie der Boden dazu vorbereitet ward. Der Unterricht, den die Jugend eines Landes genießt, lässt uns erkennen, was dieses Land einst sein wird. Die Erziehung, welche der gegenwärtigen Generation zuteil wird, rechtfertigt die düsteren Ahnungen. Hand in Hand mit dem Unterricht und der Erziehung verbessert oder verschlechtert sich die Massenseele. Es war daher notwendig, zu zeigen, wie das gegenwärtige System sie gemodelt hat und wie die Masse der Indifferenten und Neutralen allmählich zu einer riesigen Armee Unzufriedener geworden ist, die bereit ist, allen Suggestionen der Utopisten und Rhetoren zu folgen. In der Schule bilden sich heute die Unzufriedenen und Anarchisten, und hier bereiten sich für die lateinischen Völker die künftigen Zeiten des Niederganges.

---

[23] Taine, Le Regime moderne II, 1894. - Es sind dies ziemlich die letzten Seiten, die Taine geschrieben. Sie resümieren wunderbar die Ergebnisse der langen Erfahrung des großen Denkers. Leider halte ich sie für unsere Universitätsprofessoren, die niemals im Ausland gewesen, für absolut unverständlich. Die Erziehung ist das einzige Mittel, über das wir verfügen, um ein wenig die Seele eines Volkes zu beeinflussen, und der Gedanke ist sehr traurig, dass es fast niemanden in Frankreich gibt, der es zu begreifen vermag, dass unser gegenwärtiger Unterricht ein furchtbares Element rapider Entartung ist, und dass er die Jugend erniedrigt und verdirbt, statt sie zu heben.

2. Kapitel

Direkte Faktoren der Anschauungen der Massen

Wir haben die entfernten und vorbereitenden Faktoren aufgesucht, welche der Massenseele eine besondere Empfänglichkeit verleihen, indem sie bei ihr das Aufsprießen gewisser Gefühle und Ideen ermöglichen. Es erübrigt uns nun jetzt, die Faktoren zu studieren, die unmittelbar zu wirken vermögen. In einem anderen Kapitel werden wir sehen, wie diese Faktoren zu handhaben sind, damit sie alle ihre Wirkungen erzielen können.

In dem ersten Teil dieses Werkes studierten wir die Gefühle, Ideen und Gedankengänge der Gesamtheiten; aus dieser Erkenntnis ließen sich offenbar die Mittel der Beeinflussung der Massenseele in allgemeiner Weise gewinnen. Wir wissen bereits, was auf die Einbildungskraft der Massen Eindruck macht, kennen die Macht und Ansteckungskraft der Suggestionen, besonders jener, die in bildhafter Form auftreten. Da aber die Suggestionen sehr verschiedenen Ursprung haben können, so können auch die Faktoren, die auf die Massenseele zu wirken vermögen, recht verschieden sein; man muss sie daher gesondert betrachten. Und das ist kein nutzloses Studium. Die Massen gleichen ein wenig der Sphinx der alten Fabel: Man muss das Problem, welches ihre Psychologie uns bietet, lösen oder darauf gefasst sein, von ihnen verzehrt zu werden.

§ 1 Bilder, Wörter und Formeln

Bei dem Studium der Massenphantasie fanden wir, sie werde namentlich durch Bilder erregt. Nicht immer stehen einem diese Bilder zur Verfügung, aber man kann sie durch sinnreiche Anwendung von Wörtern und Formeln hervorrufen. Kunstvoll gehandhabt, besitzen sie wirklich die geheimnisvolle Macht, die ihnen einst die Adepten der Magie zuschrieben. Sie rufen in der Massenseele die furchtbarsten Stürme hervor und können sie auch besänftigen. Mit den Knochen von Menschen, die das Opfer der Macht der Wörter und Formeln waren, könnte man eine viel höhere Pyramide als die des Cheops aufbauen.

Die Macht der Wörter knüpft sich an die durch diese hervorgerufenen Bilder und ist völlig unabhängig von ihrer wahren Bedeutung. Oft sind jene Worte, deren Sinn ganz unbestimmt ist, die wirkungsvollsten. So z. B. die Ausdrücke: Demokratie, Sozialismus, Gleichheit, Freiheit u. a., deren Sinn so vage ist, dass dicke Bände nicht ausreichen, ihn zu bestimmen. Und doch ist es sicher, dass sich eine wahrhaft magische Macht an ihre kurzen Silben heftet, wie wenn sie die Lösung aller Probleme enthielten. Sie sind eben die Synthese der verschiedensten unbewussten Erwartungen und der Hoffnung auf deren Verwirklichung.

Mit Vernunft und Argumenten kann man gegen gewisse Wörter und Formeln nicht ankämpfen. Man spricht sie mit Andacht vor den Massen aus, und sogleich werden die Mienen respektvoll und die Köpfe neigen sich. Von vielen werden sie als Naturkräfte oder als übernatürliche Mächte betrachtet. Sie rufen in den Seelen grandiose und vage Bilder hervor, aber eben das Vage, das sie verwischt, vermehrt ihre magische Gewalt. Sie lassen sich mit jenen furchtbaren Gottheiten vergleichen, die hinter dem Allerheiligsten verborgen sind und denen man sich nur mit Zittern nähert.

Da die durch die Wörter hervorgerufenen Bilder unabhängig von deren Sinn sind, so wechseln sie mit dem Alter, mit den Völkern bei Identität der Formulierung. An bestimmte Worte heften sich vorübergehend bestimmte Bilder; das Wort ist nur der Drucker, der sie erscheinen lässt.

Nicht alle Wörter und Formeln besitzen die Macht, Bilder hervorzurufen, und es gibt solche, die nach der Evokation sich abnützen und in der Seele nichts mehr erwecken. Sie bleiben dann bloße Schälle, deren Hauptnutzen darin besteht, jenen, die von ihnen Gebrauch machen, das Denken zu ersparen. Mit einem kleinen Vorrat von Formeln und Gemeinplätzen, die wir in der Jugend erlernten, besitzen wir alles, was man braucht, um ohne die ermüdende Notwendigkeit, über irgend etwas nachdenken zu müssen, durchs Leben zu gehen.

Betrachtet man eine bestimmte Sprache, so sieht man, dass die Wörter, aus denen sie sich zusammensetzt, sich im Laufe der Zeit ziemlich langsam verändern. Aber unaufhörlich verändern sich die Bilder, die sie hervorrufen oder der Sinn, der an sie sich heftet, und daher bin ich in einer anderen Schrift zu dem Schluss gekommen, dass, besonders bei toten Sprachen, die vollkommene Übersetzung aus einer Sprache völlig unmöglich ist. Was tun wir denn in Wirklichkeit, wenn wir einen lateinischen, griechischen oder Sanskrit-Ausdruck durch einen französischen ersetzen, oder auch, wenn wir nur ein in unserer eigenen Sprache geschriebenes Buch, das 200 bis 500 Jahre alt ist, verstehen wollen? Wir substituieren einfach die Bilder und Vorstellungen, die das moderne Leben unserem Bewusstsein eingefügt hat, den total verschiedenen Begriffen und Bildern, die das antike Leben in der Seele von Rassen erzeugte, deren Lebensbedingungen keine Analogie mit den unseren aufweisen. Was taten die Menschen der Revolutionszeit, als sie die Griechen und Römer nachzuahmen glaubten, anderes, als dass sie alten Worten einen von ihnen niemals gehabten Sinn gaben. Was war demnach eine Republik anderes als eine wesentlich aristokratische, aus einer Vereinigung kleiner Despoten gebildete Institution, von Despoten, die eine in der absolutesten Unterwürfigkeit gehaltene Sklavenmasse beherrschten. Diese auf Sklaverei begründeten kommunalen Aristokratien hätten ohne jene nicht einen Augenblick bestehen können.

Und das Wort „Freiheit": Wie konnte es in einer Zeit, da die Möglichkeit der Denkfreiheit nicht einmal noch geahnt ward, und wo es keine größere und seltenere Schandtat gab, als über die Götter, die Gesetze und die Sitten des Staates zu räsonieren, dem, was wir heute darunter verstehen, ähnliches bedeuten? Ein Wort wie „Vaterland" - was bedeutete es in der Seele eines Atheners oder Spartaners, wenn nicht die Verehrung Athens oder Spartas, keineswegs aber Griechenlands, das aus rivalisierenden Stadtstaaten bestand und stets im Kriege lag. Dasselbe Wort - welche Bedeutung hatte es bei den in rivalisierenden Stämmen von verschiedener Rasse, Sprache und Religion gegliederten alten Galliern, die Caesar leicht besiegte, weil er unter ihnen stets Verbündete besaß. Rom allein gab Gallien ein Vaterland, indem es ihm die politische und religiöse Einheit gab. Ohne soweit zurückzugehen, bloß kaum zwei Jahrhunderte zurück: glaubt man, das Wort „Vaterland" sei in dem heutigen Sinne von französischen Fürsten, die, wie der große Condé, sich mit Fremden gegen den eigenen Herrscher verbanden, verstanden worden? Und hatte dasselbe Wort nicht auch einen ganz anderen als den heutigen Sinn für die Emigranten, die den Gesetzen der Ehre zu gehorchen glaubten, wenn sie Frankreich bekämpften, und die von ihrem Standpunkt jenen tatsächlich gehorchten, da das Lehnsgesetz den Vasallen dem Lehnherrn und nicht dem Land verband und da dort, wo der Herr war, auch das wahre Vaterland sich befand?

Zahlreich sind die Wörter, deren Bedeutung dieserart im Laufe der Zeit sich wesentlich geändert hat und die wir in ihrem alten Sinn nur mit großen Anstrengungen zu verstehen vermögen. Mit Recht hat man gesagt, es bedürfe vieler Lektüre, um nur zu begreifen, was für unsere Urgroßeltern Wörter wie „der König" und „die königliche Familie" bedeuteten. Wie steht es erst mit noch komplizierteren Ausdrücken!

Die Wörter haben also nur veränderliche und vorübergehende Bedeutungen, die mit den Zeiten und Völkern wechseln. Wollen wir mittels ihrer auf die Masse wirken, so muss man den Sinn kennen, den sie für diese im gegebenen Augenblick haben, nicht aber jenen, den sie einst besaßen oder den sie für Menschen von ganz anderer geistiger Beschaffenheit besitzen können.

Wenn also die Massen nach politischen Umstürzen oder einem Glaubenswechsel eine tiefe Antipathie gegen die durch bestimmte Wörter ausgelosten Bilder erworben haben, so ist die erste Aufgabe des wahren Staatsmannes die, die Ausdrücke zu ändern, wohlverstanden ohne an die Dinge selbst zu rühren, da diese zu sehr an eine ererbte Geistesverfassung gebunden sind, als dass sie geändert werden könnten.

Der geistreiche Tocqueville hat vor langem schon bemerkt, dass die Arbeit des Konsulats und des Kaisertums besonders darin bestand, die Mehrzahl der Institutionen der Vergangenheit mit neuen Ausdrücken zu bekleiden, d. h. die Wörter, welche in der Phantasie der Massen verhasste Bilder hervorriefen, durch andere zu ersetzen, deren Neuheit dies verhinderte. Die „Taille" wurde zur Grundsteuer, die „Gabelle" zur Salzsteuer, die Verbrauchssteuer zu indirekten Steuern und Gefällen, die Meister- und Zunfttaxe zur Gewerbesteuer, usw.

Eine der wichtigsten Funktionen der Staatsmänner besteht demnach in der Taufe der Dinge, welche die Massen mit ihren alten Ausdrücken nicht ertragen können, mit populären oder wenigstens neutralen Namen. So groß ist die Macht der Wörter, dass man die verhasstesten Dinge nur mit gutgewählten Namen zu versehen braucht, um sie den Massen annehmbar zu machen. Taine bemerkt richtig, dass die Jakobiner durch Anrufung der Namen der Freiheit und Brüderlichkeit, die damals sehr populär .waren, „einen des Königreichs Dahomey würdigen Despotismus, ein der Inquisition gleiches Tribunal, Menschenhekatomben gleich denen des alten Mexikos herstellen konnten." Wie die advokatorische, so besteht auch die Regierungskunst besonders darin, dass man die Wörter zu handhaben versteht. Eine große Schwierigkeit in dieser Kunst ist die, dass dieselben Wörter in derselben Gesellschaft sehr oft für die verschiedenen sozialen Schichten ganz verschiedene Bedeutung haben. Sie gebrauchen scheinbar dieselben Wörter, sprechen aber niemals dieselbe Sprache.

Wir haben in den voranstehenden Beispielen als Hauptfaktor des Bedeutungswandels der Wörter besonders die Zeit dargetan. Bei Heranziehung auch der Rasse würden wir aber sehen, dass zur selben Zeit bei gleich zivilisierten Völkern verschiedener Rasse dieselben Wörter häufig ganz verschiedenen Vorstellungen entsprechen. Man kann diese Unterschiede nicht ohne zahlreiche Reisen verstehen, und ich will daher nicht bei ihnen verweilen. Ich beschränke mich auf die Bemerkung, dass gerade die von den Massen am meisten gebrauchten

Wörter bei den verschiedenen Völkern die verschiedenste Bedeutung haben. So z. B. die Ausdrücke „Demokratie" und „Sozialismus", die heute so im Schwange sind.

Sie entsprechen in der Tat ganz anderen Vorstellungen und Bildern in den lateinischen als in den angelsächsischen Seelen. Bei den Lateinern bedeutet das Wort Demokratie besonders das Zurücktreten des Willens und der Initiative des Individuums vor der der Staatsgemeinschaft. Der Staat soll immer mehr alles leiten, alles zentralisieren, monopolisieren und fabrizieren. An ihn appellieren beständig alle Parteien ohne Ausnahmen: Radikale, Sozialisten, Monarchisten. Bei den Angelsachsen, namentlich den Amerikanern, bedeutet dasselbe Wort im Gegenteil die intensive Entfaltung des Willens und der Individualität, das möglichste Zurücktreten des Staates, dem man mit Ausnahme der Polizei, des Heeres und der diplomatischen Beziehungen nichts leiten lässt, nicht einmal den Unterricht. Dasselbe Wort also, welches bei dem einen Volke das Zurücktreten des Willens und der Initiative des Individuums und die Vorherrschaft des Staates bedeutet, bedeutet bei dem anderen die starke Entfaltung dieses Willens, dieser Initiative und das völlige Zurücktreten des Staates,[24] es hat also einen absolut konträren Sinn.

---

[24] In den „Psychologischen Gesetzen der Völkerentwicklung" habe ich diesen Unterschied, der das demokratische Ideal der Romanen von dem der Angelsachsen scheidet, ausführlich behandelt.

§ 2 Die Illusionen

Seit der Morgenröte der Kultur waren die Massen allezeit dem Einfluss der Illusionen ausgesetzt. Den Erzeugern von Illusionen haben sie die meisten Tempel, Statuen und Altäre errichtet. Religiöse Illusionen in der Vorzeit, philosophische und soziale Illusionen in der Gegenwart - stets finden sich diese furchtbaren Herrscherinnen an der Spitze aller Zivilisationen, die nacheinander auf unserem Planeten blühten. In ihrem Namen stiegen die Tempel Chaldaeas und Ägyptens, die Kirchenbauten des Mittelalters empor, in ihrem Namen ward ganz Europa vor einem Jahrhundert umgestürzt, und nicht eine einzige unserer künstlerischen, politischen oder sozialen Anschauungen gibt es, die nicht ihren mächtigen Stempel trägt. Oft schüttelt sie der Mensch um den Preis furchtbarer Umwälzungen ab, aber er scheint dazu verdammt, sie immer wieder aufzurichten. Ohne sie hätte er die primitive Barbarei nicht verlassen können, und ohne sie würde er ihr wieder bald verfallen. Gewiss sind es leere Schatten, aber diese Töchter unserer Träume haben die Völker gezwungen, alles das, was den Glanz der Künste und die Größe der Zivilisationen macht, zu schaffen.

„Würde man alle Werke und Kunstdenkmäler, zu welchen die Religionen die Inspiration gegeben, in den Museen und Bibliotheken zerstören und auf den Fliesen der Kirchenplätze zertrümmern, was bliebe von den großen Träumen der Menschheit zurück? Den Menschen den Teil von Hoffnung und Illusionen, ohne die sie nicht leben können, zu geben, darin besteht die Berechtigung der Götter, Heroen und Dichter. Fünfzig Jahre lang schien die Wissenschaft diese Aufgabe zu übernehmen. Was sie aber bei den nach dem Ideal dürstenden Gemütern kompromittiert hat, ist, dass sie nicht mehr genug zu verheißen wagt und nicht genug zu lügen vermag."

Die Philosophen des vergangenen Jahrhunderts widmeten sich mit Eifer der Zerstörung der religiösen, politischen und sozialen Illusionen, von denen viele Jahrhunderte lang unsere Väter gelebt hatten. Durch deren Zerstörung haben sie die Quellen der Hoffnung und der Resignation vertrocknet. Hinter den geopferten Chimären fanden sie die blinden und tauben Naturkräfte; unerbittlich der Schwäche gegenüber, kennen sie kein Mitleid.

Die Philosophie hat bei allen ihren Fortschritten es noch nicht vermocht, den Massen ein Ideal darzubieten, das sie reizen könnte; da sie aber um jeden Preis Illusionen haben müssen, so wenden sie sich, wie die Motte zum Licht, instinktiv den Rhetoren zu, die ihnen solche bieten. Der große Faktor der Völkerentwicklung war niemals die Wahrheit, sondern stets der Irrtum. Und wenn heute der Sozialismus so mächtig ist, so erklärt sich dies daraus, dass er die einzige noch lebendige Illusion darstellt. Trotz aller wissenschaftlichen Demonstrationen wächst er weiter. Seine Hauptstärke ist, dass er von Köpfen verteidigt wird, die die Wirklichkeit der Dinge genug verkennen, um den Menschen kühn das Glück zu versprechen. Die soziale Illusion herrscht heute auf allen aufgetürmten Ruinen der Vergangenheit, und ihr gehört die Zukunft. Niemals hatten die Massen den Wahrheitsdurst. Von den ihnen missfallenden Tatsachen wenden sie sich ab und ziehen es vor, den Irrtum zu vergöttern, wenn er sie verführt. Wer sie zu illusionieren vermag, wird leicht ihr Herr; wer sie zu desillusionieren sucht, wird stets ihr Opfer.

§ 3 Die Erfahrung

Die Erfahrung ist so ziemlich das einzige wirkungsvolle Mittel, um der Massenseele eine Wahrheit fest einzupflanzen und zu gefährlich gewordene Illusionen zu zerstören. Dabei muss die Erfahrung noch auf einer breiten Basis beruhen und oft wiederholt werden. Die von einer Generation gesammelten Erfahrungen sind im allgemeinen für die nächste nutzlos; daher nützt es nichts, historische Tatsachen als Beweismomente aufzuführen. Ihr einziger Nutzen ist, darzutun, bis zu welchem Maße die Erfahrungen in jedem Zeitalter wiederholt werden müssen, um irgendeinen Einfluss zu gewinnen und auch nur einen Irrtum, der in der Massenseele fest wurzelt, auszurotten.

Unser und das vorangehende Jahrhundert werden von den Historikern der Zukunft zweifellos als eine Ära sonderbarer Erfahrungen zitiert werden. Kein Zeitalter hat ihrer so viele aufzuweisen.

Die gewaltigste dieser Erfahrungen war die französische Revolution. Um zu entdecken, dass eine Gesellschaft nicht mit den Mitteln reiner Vernunft neu organisiert wird, mussten einige Millionen Menschen hingeschlachtet und ganz Europa durch 20 Jahre erschüttert werden. Um uns aus der Erfahrung zu beweisen, dass die Caesaren den ihnen zujauchzenden Völkern teuer zu stehen kommen, bedurfte es innerhalb 50 Jahre zweier verderblicher Erfahrungen, die trotz ihrer Klarheit nicht genug überzeugend gewesen zu sein scheinen. Gleichwohl kostete die erste drei Millionen Menschen und eine Invasion, die zweite eine Zerstückelung und die Notwendigkeit ständiger Heere. Eine dritte wäre vor kurzem beinahe gemacht worden und wird eines Tages sicherlich gemacht werden. Um einem ganzen Volke zu zeigen, dass das riesige deutsche Heer nicht, wie dies vor 1870 gelehrt ward, eine Art harmloser Nationalgarde war,[25] war

---

[25] Die Anschauung der Massen bildete sich in diesem Falle durch jene groben Assoziationen unähnlicher Dinge, deren Mechanismus ich früher dargetan habe. Da damals unsere Nationalgarde aus friedlichen, jeder Disziplin ermangelnden Spießbürgern bestand und nicht ernst zu nehmen war, erweckte alles, was einen ähnlichen Namen trug, dieselben Bilder und wurde folglich als ebenso harmlos aufgefasst. Den Irrtum der Massen teilten damals, wie dies bei allgemeinen Anschauungen so oft der Fall ist, deren Führer. In einer am 31. Dezember 1867 in der Deputiertenkammer gehaltenen und von E. Olivier in einer neuen Schrift angeführten Rede betonte ein Staatsmann, der der Massenanschauung oft gefolgt ist, sie aber niemals vorwegnahm, Thiers, Preußen besitze außer einem dem unsrigen an Zahl fast gleichen aktiven Heer nur eine Nationalgarde, analog der unsrigen und demnach ohne Bedeutung - eine ebenso exakte Behauptung wie die Voraussicht desselben Staatsmannes betreffs der Zukunftslosigkeit der Eisenbahnen.

der schreckliche Krieg, der uns so viel gekostet hat, nötig. Um zu erkennen, dass der Protektionismus die ihm huldigenden Völker ruiniert, wird es wenigstens 20 Jahre unheilvoller Erfahrungen brauchen. Diese Beispiele ließen sich ins Unendliche vervielfachen.

§ 4 Die Vernunft

Bei der Aufzählung der Faktoren, welche imstande sind, die Massenseele zu erregen, könnte man sich die Erwähnung der Vernunft ersparen, wenn es nicht notwendig wäre, den negativen Wert ihres Einflusses anzuführen.

Wir haben bereits gezeigt, dass die Massen durch logische Argumente nicht beeinflussbar sind und dass sie nur grobe Ideenassoziationen begreifen. Daher wenden sich denn auch die Redner, die auf sie Eindruck zu machen verstehen, stets an ihr Gefühl, niemals an ihre Vernunft. Die Gesetze der Logik haben keinen Einfluss auf sie.[26] Um die Massen zu überzeugen, muss man sich zunächst volle Rechenschaft betreffs der Gefühle, die sie beseelen, geben, muss sich den Anschein geben, dass man sie teilt, sodann sie zu modifizieren suchen, indem man ihnen mittels rudimentärer Assoziationen gewisse recht suggestive Bilder hervorruft; ferner muss man im Bedarfsfall seine Bemühungen wiederholen und vor allem die Gefühle, die man erweckt, erraten. Diese Notwendigkeit, je nach der Wirkung in dem Augenblick, in dem man spricht, seine Sprache beständig zu ändern,

---

[26] Meine ersten Beobachtungen über die Kunst der Massenbeeinflussung und die schwachen Hilfsmittel, die von der Logik in dieser Beziehung geboten werden, gehen auf die Zeit der Pariser Belagerung zurück, zu dem Tage, an dem ich nach dem Louvre, dem damaligen Sitze der Regierung, den Marschall V... bringen sah, den eine wütende Volksmenge angeblich dabei ertappt hatte, wie er den Festungsplan entwendete, um ihn den Preußen zu verkaufen. Ein Regierungsmitglied, G. P..., ein sehr berühmter Redner, ging hinaus, um die Masse, welche die unverzügliche Hinrichtung des Gefangenen verlangte, anzureden. Ich erwartete, der Redner werde die Unsinnigkeit der Beschuldigung dartun, indem er sagen werde, der angeklagte Marschall sei einer der Konstrukteure der Festungen, deren Plan übrigens in allen Buchhandlungen zu haben war. Zu meiner großen Verblüffung - ich war damals recht jung - lautete die Rede ganz anders. Der Redner sagte nämlich, indem er sich dem Gefangenen näherte: „Dem Rechte wird in unerbittlicher Weise Genüge geschehen. Lasset die Regierung der nationalen Verteidigung eure Sache durchführen; einstweilen werden wir den Angeklagten einsperren." Durch diese augenscheinliche Genugtuung sogleich besänftigt, zerstreute sich die Menge, und der Marschall konnte nach Verlauf einer Viertelstunde seine Wohnung aufsuchen. Sicherlich wäre er niedergemacht worden, wenn der Redner der wütenden Menge die logischen Argumente vorgehalten hätte, die meine große Jugend sehr überzeugend fand.

macht jede einstudierte und vorbereitete Rede von vornherein bedeutungslos; denn dann folgt der Redner seinen eigenen, nicht den Gedanken seiner Zuhörer, und schon dadurch wird sein Einfluss vollkommen zunichte.

Die logischen Köpfe, die gewohnt sind, durch ziemlich knappe Schlussketten überzeugt zu werden, halten sich unwillkürlich an diese Methode, wenn sie sich an die Massen wenden, und sind stets durch das Fehlschlagen ihrer Argumente überrascht. „Die gewöhnlichen mathematischen Konsequenzen, die auf den Syllogismus, d. h. auf Identitätsassoziationen sich gründen", so schreibt ein Logiker, „sind notwendig. (…) Die Notwendigkeit derselben würde selbst die Zustimmung einer anorganischen Masse erzwingen, könnte diese nur den Identitätsassoziationen folgen." Gewiss; aber die Masse ist ebenso wenig wie die anorganische Masse imstande, ihnen zu folgen oder auch nur sie zu verstehen. Man möge den Versuch machen, primitive Geister, Wilde oder Kinder z. B., auf logische Weise zu überzeugen, und man wird einsehen, welchen geringen Wert diese Argumentationsweise besitzt.

Man braucht nicht einmal bis zu den primitiven Wesen zurückzugehen, um die völlige Ohnmacht der Logik im Kampfe mit den Gefühlen zu begreifen. Erinnern wir uns nur daran, wie hartnäckig durch viele Jahrhunderte die der einfachsten Logik widersprechenden religiösen Vorurteile sich gehalten haben. Fast 2000 Jahre lang beugten sich die erleuchtetsten Geister unter ihre Gesetze, und erst in der neuesten Zeit konnte ihre Wahrheit bestritten werden. Es gab im Mittelalter und in der

Renaissancezeit genug aufgeklärte Köpfe, aber keinen, dem die Logik die kindischen Seiten seines Aberglaubens zeigte und auch nur einen leisen Zweifel an den Streichen des Teufels oder an der Notwendigkeit der Hexenverbrennung erregte.

Ist es zu bedauern, dass die Massen niemals von der Vernunft geleitet werden? Wir möchten es nicht behaupten. Der menschlichen Vernunft wäre es zweifellos nicht gelungen, die Menschheit mit der Glut und der Kühnheit, mit der ihre Chimären sie fortgerissen haben, auf die Bahnen der Zivilisation zu führen. Töchter des uns leitenden Unbewussten, waren diese Chimären sicherlich notwendig. Jede Rasse birgt in ihrer Geistesverfassung die Gesetze ihres Geschicks, und vielleicht sind es diese Gesetze, denen sie sogar in ihren scheinbar unvernünftigsten Impulsen vermöge eines unbesieglichen Instinkts gehorcht. Oft scheinen die Völker geheimen Kräften unterworfen zu sein, jenen analog, die die Eichel zur Umformung in die Eiche, den Kometen zur Einhaltung seiner Bahn zwingen.

Das wenige, das wir von diesen Kräften erspähen können, muss auf dem allgemeinen Wege der Entwicklung eines Volkes, nicht in den isolierten Tatsachen, aus denen diese Evolution sich zuweilen zu ergeben scheint, gesucht werden. Würde man diese isolierten Tatsachen betrachten, so erschiene diese Geschichte von unwahrscheinlichen Zufällen beherrscht. Unwahrscheinlich war es, dass ein unwissender Zimmermann aus Galilea zweitausend Jahre hindurch zu einem allmächtigen Gotte werden konnte, in dessen Namen die bedeutendsten Zivilisationen begründet wurden; unwahrscheinlich auch, dass einige arabische Banden, die ihre Wüste verließen, den größten Teil der alten griechisch-römischen Welt zu erobern vermochten; unwahrscheinlich endlich, dass in einem sehr gealterten und sehr hierarchisierten Europa ein obskurer Artillerieleutnant es zuwege brachte, über eine Masse von Völkern und Königen zu herrschen.

Überlassen wir also die Vernunft den Philosophen, aber verlangen wir nicht von ihr, in der Regierung der Menschen eine zu große Rolle zu spielen. Nicht durch, sehr oft trotz der Vernunft sind Gefühle wie Ehre, Entsagung, religiöser Glaube, Ruhmes- und Vaterlandsliebe entstanden, bis heute die großen Quellen aller Kultur.

3. Kapitel

Die Führer der Massen und ihre Überzeugungsmittel

Die Geistesverfassung der Massen ist uns nunmehr vertraut, und wir kennen nun auch die Kräfte, die auf ihre Seele zu wirken vermögen. Wir haben nun zu untersuchen, wie diese Antriebe anzuwenden und durch wen sie mit Nutzen in Tätigkeit zu setzen sind.

§ 1 Die Führer der Massen

Sobald eine gewisse Anzahl lebender Wesen vereinigt sind, einerlei ob eine Herde Tiere oder eine Menschenmenge, stellen sie sich instinktiv unter die Autorität eines Oberhauptes.

In den menschlichen Massen ist das wirkliche Oberhaupt oft nur ein Führer, der aber als solcher eine beträchtliche Rolle spielt. Sein Wille ist der Kern, um den sich die Anschauungen bilden und identifizieren. Er bildet das erste Organisationselement heterogener Massen und bereitet ihre serienmäßige Organisation vor.

Einstweilen leitet er sie. Die Masse ist eine folgsame Herde, die nie ohne Herrn zu leben vermag.

Sehr oft war der Führer zuerst ein Geführter. Er selbst war von der Idee, deren Apostel er später wurde, hypnotisiert worden. Sie hat ihn so sehr erfüllt, dass neben ihr alles verschwand und dass jede gegensätzliche Anschauung ihm als Irrtum und Aberglaube erscheint. So verhält es sich z. B. mit Robespierre, der, von den philosophischen Ideen Rousseaus hypnotisiert, sich zu deren Verbreitung der Mittel der Inquisition bediente.

Meist sind die Führer nicht Denker, sondern Männer des Handelns. Sie sind von geringem Scharfblick und können es nicht sein, da der Scharfblick im allgemeinen zum Zweifel und zur Untätigkeit führt. Sie rekrutieren sich namentlich aus jenen Nervösen, Erregten, Halbverrückten, die an der Grenze des Irrsinns sich befinden. So absurd auch die von ihnen verfochtene Idee oder das von ihnen verfolgte Ziel sein mag, gegen ihre Überzeugung wird alle Logik zunichte. Verachtung und Verfolgung stört sie nicht oder erregt sie nur noch mehr. Persönliches Interesse, Familie, alles wird geopfert. Sogar der Selbsterhaltungstrieb ist bei ihnen ausgeschaltet, so sehr, dass die einzige Belohnung, die sie oft anstreben, das Martyrium ist. Die Stärke ihres Glaubens verleiht ihren Worten eine große suggestive Macht. Die Menge ist stets bereit, demjenigen zuzuhören, der einen starken, imponierenden Willen besitzt. Die zu Massen vereinigten Menschen büßen allen Willen ein und wenden sich instinktiv an den Besitzer eines solchen.

An Führern hat es den Völkern nie gefehlt, aber sie müssen alle von jenen starken Überzeugungen beseelt sein, welche den Apostel machen. Oft sind es subtile Rhetoren, die nur ihre Eigeninteressen verfolgen und durch Schmeichelung niedriger Instinkte zu überreden suchen. Der von ihnen geübte Einfluss kann sehr groß sein, bleibt aber stets ephemer. Die großen Überzeugten, welche die Massenseele erhoben haben, wie Peter der Einsiedler, Luther, Savonarola, die Revolutionsmänner, faszinierten erst, nachdem sie selbst durch einen Glauben fasziniert wurden. Dann freilich konnten sie in den Seelen jene furchtbare Macht, die da Glauben heißt und den Menschen zum völligen Sklaven seines Traumes macht, erzeugen.

Glauben erzeugen, sei es religiöser, politischer oder sozialer Glaube, Glaube an eine Person oder an eine Idee, das ist die besondere Rolle der großen Führer, und das ist der Grund, warum ihr Einfluss immer beträchtlich ist. Von allen der Menschheit zur Verfügung stehenden Kräften war der Glaube allezeit eine der stärksten, und mit Recht schreibt ihm das Evangelium die Macht zu, Berge zu versetzen. Dem Menschen einen Glauben schenken heißt, seine Kraft verzehnfachen. Die großen geschichtlichen Ereignisse wurden von obskuren Gläubigen, die nichts für sich als ihren Glauben hatten, ins Leben gerufen. Nicht durch Gelehrte und Philosophen, besonders nicht durch Skeptiker sind die großen Religionen, welche die Welt regiert haben und die riesigen Reiche, die sich von einer Hemisphäre zur andern erstreckten, geschaffen worden.

In Beispielen dieser Art handelt es sich jedoch um große Führer, die selten genug auftreten, dass die Geschichte deren Zahl leicht bestimmen kann. Sie bilden den Gipfel einer ununterbrochenen Reihe, anfangend mit jenen mächtigen führenden Geistern bis zum Arbeiter, der in einer rauchigen Herberge seine Genossen langsam fasziniert, indem er unaufhörlich einige von ihm nicht verstandene Formeln wiederkäut, deren Anwendung nach ihm die Verwirklichung aller Träume und Hoffnungen sicher herbeiführen soll.

In allen sozialen Schichten, den höchsten wie den niedrigsten, fällt der Mensch, sobald er nicht mehr isoliert ist, bald dem Gesetz eines Führers anheim. Die meisten Menschen, besonders die zur Volksmenge gehörigen, haben außer ihrem Berufskreis von nichts eine klare und richtige Vorstellung. Sie sind nicht imstande, sich selbst zu leiten. So dient ihnen der Führer als Leiter. Er kann zur Not, aber nur unzureichend, durch jene periodischen Erscheinungen ersetzt werden, welche für ihre Leser Meinungen fabrizieren und ihnen jene Phrasen darbieten, welche alles Denken ersparen.

Die Autorität der Führer ist äußerst despotisch und verdankt nur diesem Despotismus ihre Geltung. Es ist oft bemerkt worden, wie leicht sie sich bei den unruhigsten Arbeiterschichten Gehorsam verschaffen, obzwar sie keinerlei Stütze für ihre Autorität haben. Sie bestimmen die Zahl der Arbeitsstunden, die Lohnhöhe, entscheiden über Streiks, lassen sie zu bestimmten Stunden beginnen und beenden.

Heute haben die Führer die Tendenz, in zunehmendem Maße die öffentlichen Gewalten zu ersetzen, um so mehr, als diese sich anfechten und schwächen lassen. Die Tyrannei dieser neuen Herren bewirkt, dass die Massen ihnen viel leichter folgen als irgendwelcher Regierung. Verschwindet durch irgend einen Unfall der Führer, ohne sogleich Ersatz zu finden, so wird die Masse wieder eine zusammenhangslose und widerstandslose Menge. Während eines Streiks der Pariser Omnibusangestellten genügte die Verhaftung der zwei Anführer, die ihn leiteten, um ihm sofort ein Ende zu bereiten. Nicht das Freiheits-, sondern das Dienstbedürfnis ist es, was stets in der Massenseele herrscht. Die Massen haben solchen Durst, zu gehorchen, dass sie sich jedem, der sich zu ihrem Herrn ernennt, instinktiv unterordnen.

Innerhalb der Führerklasse lässt sich eine ziemlich scharfe Schnittlinie ziehen. Zu der einen gehören die energischen, willensstarken, aber nicht ausdauernden Menschen; zur anderen, die viel seltener ist als die andere, die Menschen eines starken und langen Willens. Die ersteren sind heftig, tapfer, kühn. Sie taugen besonders zur Leitung eines Handstreichs, die Massen trotz der Gefahr hinzureißen und die jungen Rekruten in Helden zu verwandeln. So waren z. B. im ersten Kaiserreich Ney und Murat. So auch, zu unserer Zeit, Garibaldi, ein talentloser, aber energischer Abenteurer, dem es gelang, mit einer Handvoll Menschen sich des ehemaligen Königreichs Neapel zu bemächtigen, obwohl es von einer disziplinierten Armee verteidigt ward.

Die Energie dieser Führer ist zwar gewaltig, aber vorübergehend und überdauert nicht den Reiz, dem sie entsprang. Ist der Held in den Strom des gewöhnlichen Lebens zurückgekehrt, so bekundet er, der früher so feurig war, die erstaunlichste Schwäche. Er scheint unfähig, in den einfachsten Verhältnissen nachzudenken und sich zu benehmen, da er doch vorerst die andern so gut zu leiten verstand. Es sind Führer, die ihre Funktion nur unter der Bedingung ausüben können, dass sie selbst beständig geführt und angetrieben werden, stets einen Menschen oder eine Idee über sich haben, einer scharf gezogenen Verhaltungslinie folgen.

Die zweite Kategorie der Führer, die der Menschen von langem Willen, übt trotz ihrer weniger glänzenden Formen einen erheblicheren Einfluss aus. In ihr finden sich die echten Stifter von Religionen oder großer Werke: Paulus, Mohammed, Columbus, Lesseps. Mögen sie intelligent oder beschränkt sein, stets wird die Welt für sie sein. Der Dauerwille, den sie besitzen, ist eine unendlich seltene und mächtige Eigenschaft, vor der sich alles beugt. Man ist nicht immer im klaren darüber, was ein starker und stetiger Wille vermag; nichts widersteht ihm, weder die Natur, noch die Götter, noch die Menschen.

Das jüngste Beispiel dafür, was ein starker und stetiger Wille vermag, hat uns der berühmte Mann gegeben, der zwei Welten trennte und den 3000 Jahre hindurch von den größten Herrschern unternommenen Versuch durchführte. Er scheiterte später an einem gleichartigen Unternehmen, aber er war damals schon alt, und im Alter erlischt alles, auch der Wille.

Will man dartun, was der bloße Wille vermag, so braucht man nur die Geschichte der Schwierigkeiten, die bei der Grabung des Suezkanals zu überwinden waren, mit allen Details zu erzählen. Ein Augenzeuge, Doktor Cazalis, hat in einigen ergreifenden Zeilen die Ausführung dieses Riesenwerkes, wie dessen unsterblicher Urheber sie darlegte, zusammengefasst. „Er erzählte Tag für Tag, in Episoden, das Epos des Kanals. Er erzählte alles, was er zu überwinden hatte, alles Unmögliche, das er möglich gemacht, alle Widerstände, die Koalitionen gegen ihn, die Bitterkeiten, Unfälle, Schlappen, die ihn nicht zu entmutigen und zu lähmen vermochten; er gedachte Englands, das ihn unaufhörlich bekämpfte und angriff, Ägyptens und Frankreichs, welche zögerten, des französischen Konsuls, der sich mehr als die anderen seinen Arbeiten widersetzte, und wie man ihm sich entgegenstellte, indem man den Arbeitern das Trinkwasser verweigerte; ferner des Marineministeriums und der Ingenieure, alles ernste, erfahrene, wissenschaftlich gebildete Menschen, alle naturgemäß feindselig und alle wissenschaftlich von dem Fehlschlagen, das sie berechneten und in Aussicht stellten, wie man eine Sonnenfinsternis für einen bestimmten Tag oder eine bestimmte Stunde voraussagt, überzeugt."

Das Buch, welches das Leben aller dieser großen Führer schildern würde, würde nicht viele Namen enthalten, aber diese Namen standen an der Spitze der wichtigsten Kultur- und Geschichtsereignisse.

§ 2 Die Wirkungsmittel der Führer: Behauptung, Wiederholung, Ansteckung

Handelt es sich darum, eine Masse für den Augenblick hinzureißen und sie zu bestimmen, irgendeine Tat zu begehen, etwa einen Palast zu plündern, sich zur Verteidigung eines befestigten Platzes oder einer Barrikade töten zu lassen, so muss man mittels rascher Suggestionen auf sie wirken, deren kräftigste das Beispiel ist; dazu gehört aber, dass die Masse schon durch gewisse Umstände vorbereitet ist und besonders, dass derjenige, der sie fortreißen will, die Eigenschaft besitzt, die ich weiter unten unter dem Namen des Prestiges untersuchen werde.

Handelt es sich jedoch um das Einflößen von Ideen und Glaubenssätzen in die Massenseelen, z. B. der modernen sozialen Lehren, so gehen die Führer anders vor. Sie bedienen sich hauptsächlich dreier sehr bestimmter Verfahrungsweisen: der Behauptung, der Wiederholung und der Ansteckung. Die Wirkung derselben ist eine sehr langsame, aber ihre Folgen sind dafür sehr dauerhaft.

Die reine, einfache, aller Vernünftelei und alles Beweises bare Behauptung ist eines der sichersten Mittel, um der Massenseele eine Idee einzuflößen. Je bestimmter eine Behauptung, je freier sie von allem Scheine von Beweisen und Demonstrationen ist, desto autoritativer ist sie. Die religiösem Schriften und die Gesetzbücher aller Zeiten haben sich stets einfacher Behauptungen bedient. Die Staatsmänner, die zur Verteidigung einer politischen Angelegenheit berufen werden, die Industriellen, die ihre Produkte durch Annoncen verbreiten, kennen den Wert der Behauptung.

Die Behauptung hat aber nur dann wirklichen Einfluss, wenn sie ständig wiederholt wird, und zwar möglichst mit denselben Worten. Ich glaube, es war Napoleon, der gesagt hat, es gebe nur eine ernsthafte rhetorische Figur, die Wiederholung. Durch diese befestigt sich das Wiederholte so sehr in den Köpfen, dass es schließlich als eine bewiesene Wahrheit angenommen wird.

Man versteht den Einfluss der Wiederholung auf die Massen wohl, wenn man sieht, welche Macht sie über die aufgeklärtesten Geister hat. Diese Macht kommt daher, weil das Wiederholte sich schließlich in den tiefen Regionen des Unbewussten einlagert, wo die Motive unserer Handlungen ihr Spiel treiben. Nach einiger Zeit wissen wir nicht mehr, wer der Urheber der wiederholten Behauptung ist, und schließlich glauben wir daran. Daher die erstaunliche Kraft der Annonce. Haben wir hundert-, tausendmal gelesen, die beste Schokolade ist die Schokolade X., so bilden wir uns ein, wir hätten es von vielen Seiten gehört und sind dessen schließlich gewiss. Haben wir tausendmal gelesen, das Y-Pulver hat die bedeutendsten Persönlichkeiten von den hartnäckigsten Krankheiten geheilt, so fühlen wir uns endlich, wenn wir selbst an einem derartigen Übel erkranken, versucht, es zu probieren. Lesen wir täglich in derselben Zeitung, A sei ein ausgemachter Schuft und B ein Ehrenmann, so glauben wir es schließlich, wenigstens, wenn wir nicht ein Blatt anderer Richtung lesen, wo die Qualifikationen entgegengesetzt sind. Die Behauptung und die Wieder-holung allein sind mächtig genug, um einander bekämp-fen zu können.

Bei genügender Wiederholung einer Behauptung und Einmütigkeit der Wiederholung, wie das ja bei ge-wissen bekannten finanziellen Unternehmungen der Fall war, die reich genug waren, alle Mitbewerbung zu kau-fen, bildet sich das, was man eine geistige Strömung nennt, und der mächtige Mechanismus der Ansteckung tritt ins Spiel. Bei den Massen haben die Ideen, Gefühle, Affekte, Glaubenssätze eine so starke Ansteckungskraft wie die der Mikroben. Es ist das ein durchaus natürliches Phänomen, welches man schon bei den in Massen verei-nigten Tieren bemerkt. Das Zucken eines Pferdes im Stalle wird bald von den anderen Pferden desselben Stal-les nachgeahmt. Eine Panik, eine wirre Bewegung eini-ger Schafe greift bald auf die ganze Herde über. Bei den in Massen vereinigten Menschen werden alle Affekte sehr rasch ansteckend, wodurch sich die Plötzlichkeit von Paniken erklärt. Gehirnstörungen, wie der Wahn-sinn, sind ebenfalls ansteckend. Es ist bekannt, wie häu-fig der Irrsinn bei den Psychiatern auftritt. In jüngster Zeit wurde auch von Irrsinnsformen, z. B. der Platzangst, berichtet, welche den Tieren vom Menschen mitgeteilt werden.

Die Ansteckung erfordert nicht die gleichzeitige Anwesenheit von Individuen auf demselben Orte, sie kann auch in der Distanz erfolgen, unter dem Einfluss gewisser Ereignisse, durch die alle Geister nach dersel-ben Richtung orientiert werden und die Sondermerkmale der Masse erhalten, besonders wenn die Geister durch die von mir erwähnten entfernten Faktoren vorbereitet sind. So hat sich z. B. der von Paris ausgegangene Revolutionsausbruch von 1848 in jäher Weise auf einen großen Teil Europas erstreckt und verschiedene Monarchien erschüttert.

Die Nachahmung, der man so großen Einfluss auf die sozialen Phänomene zugeschrieben hat, ist in Wahrheit nur die einfache Wirkung der Ansteckung. Da ich deren Einfluss anderwärts gezeigt habe, so beschränke ich mich auf die Wiederholung dessen, was ich vor mehr als 20 Jahren sagte, und was seitdem von anderen Autoren in neuen Schriften ausgeführt wurde:

„Gleich den Tieren ist der Mensch von Natur ein nachahmendes Geschöpf. Die Nachahmung ist für ihn Bedürfnis, nämlich dann, wenn dieselbe ganz leicht ist. Dieses Bedürfnis ist es, was die Macht dessen, was wir Mode heißen, bewirkt. Handle es sich nun um Meinungen, Ideen, literarische Äußerungen oder einfach um Kleider; wie viele wagen es, sich ihrer Herrschaft zu entziehen? Nicht mit Argumenten, sondern mit Vorbildern leitet man die Massen. Es gibt in jeder Epoche eine kleine Anzahl von Individualitäten, welche ihre Handlungsweise aufzwängen, die die Masse unbewusst nachahmt. Aber diese Individualitäten dürfen sich nicht allzu weit von den überkommenen Ideen entfernen. Die Nachahmung derselben wäre dann zu schwer, und ihr Einfluss wäre null. Eben aus diesem Grund haben die ihrer Zeit zu sehr überlegenen Menschen keinerlei Einfluss auf sie; der Abstand ist zu groß. Aus demselben Grund haben die

Europäer trotz aller Vorteile ihrer Kultur einen so unbedeutenden Einfluss auf die Völker des Orients, von denen sie zu sehr abweichen."

„Die vereinigte Wirksamkeit der Vergangenheit und der gegenseitigen Nachahmung macht alle Menschen desselben Landes und desselben Zeitalters schließlich so sehr ähnlich, dass selbst bei jenen, die dem am meisten sich doch entziehen sollten, bei Philosophen, Gelehrten, Literaten, Gedanke und Stil eine Familienähnlichkeit besitzen, durch die man sofort die Zeit, der sie angehören, erkennt. Man braucht nicht lange mit jemandem zu reden, um seine Lektüre, seine regelmäßige Beschäftigung und das Milieu, in dem er lebt genau zu erkennen."[27]

So mächtig ist die Ansteckung, dass sie den Individuen nicht bloß bestimmte Anschauungen, sondern auch bestimmte Gefühlsweisen aufzwingt. Die Ansteckung ist der Grund, warum ein Zeitalter gewisse Werke, z. B. den Tannhäuser, missachtete, die einige Jahre später von eben ihren Verächtern bewundert werden.

Namentlich vermittels des Mechanismus der Ansteckung, niemals mittels der Vernunft verbreiten sich die Anschauungen und Glaubensinhalte der Massen. Im Wirtshaus befestigen sich durch Behauptung, Wiederholung und Ansteckung die heutigen Begriffe der Arbeiter, und der Glaube der Massen aller Zeiten ist nicht anders gezeitigt worden. Treffend vergleicht Renan die Begründer des Christentums mit „den sozialistischen Arbeitern,

---

[27] Der Mensch und die Gesellschaften, 1881, II, 116.

welche ihre Ideen im Wirtshaus verbreiten." Und schon Voltaire hat betreffs der christlichen Religion bemerkt, „mehr als 100 Jahre lang habe ihr nur der niedrigste Pöbel angehangen."

Man wird bemerken, dass in Beispielen, wie ich sie anführte, die Ansteckung nach ihrer Geltendmachung in den Volksschichten zu den oberen Gesellschaftsschichten vordringt. Wir sehen dies gegenwärtig an deren sozialistischen Lehren, welche jetzt auch jene ergreifen, die doch bestimmt sind, deren erste Opfer zu werden. So kräftig ist der Mechanismus der Ansteckung, dass vor ihm selbst das Eigeninteresse schwindet.

Daher zwingt sich jede populär gewordene Anschauung schließlich immer mit großer Gewalt den höchsten sozialen Schichten auf, so sichtlich auch die Unsinnigkeit der sieghaften Anschauung sein mag. Dies bedeutet eine Reaktion der niederen sozialen Schichten gegen die oberen, die um so merkwürdiger ist, als die Anschauungen der Massen stets aus einer höheren Idee entspringen, die in ihrer Geburtsstätte oft einflusslos gewesen war. Die von dieser höheren Idee begeisterten Führer bemächtigten sich ihrer, entstellen sie und begründen eine Sekte, die sie aufs neue entstellt und sie sodann im Schoß der sie immer weiter entstellenden Massen verbreitet. Einmal eine populäre Wahrheit geworden, geht sie auf irgendeine Weise zu ihrer Quelle zurück und wirkt dann auf die oberen Volksschichten. Zuletzt ist es die Intelligenz, was die Welt leitet, aber sie leitet sie wahrlich von Weitem. Lange sind schon die Philosophen, welchen die Ideen ihren Ursprung verdanken, Staub geworden, wenn vermittels des beschriebenen Mechanismus ihr Gedanke schließlich triumphiert.

§ 3 Das Prestige

Was besonders dazu beiträgt, den durch Behauptung, Wiederholung und Ansteckung verbreiteten Ideen eine sehr große Macht zu verleihen, ist dies, dass sie zuletzt jene geheimnisvolle Gewalt erlangen, die das Prestige heißt.

Alles, was in der Welt geherrscht hat, Ideen oder Menschen, hat sich hauptsächlich durch diese unwiderstehliche Kraft, die das Wort „Prestige" bezeichnet, durchgesetzt. Es ist ein Ausdruck, dessen Sinn wir erfassen, den man aber in zu mannigfacher Weise anwendet, als dass er sich leicht definieren ließe. Das Prestige verträgt gewisse Gefühle, wie Bewunderung oder Furcht, es beruht sogar oft auf ihnen, kann aber sehr wohl ohne sie bestehen. Am meisten Prestige haben die Toten, also Wesen, die wir nicht fürchten, wie Alexander, Caesar, Mohammed, Buddha. Anderseits gibt es Wesen oder Fiktionen, die wir nicht bewundern, z. B. die grässlichen Gottheiten der unterirdischen Tempel Indiens, die uns aber mit einem großen Prestige erscheinen.

Das Prestige ist in Wahrheit eine Art Herrschaft, die ein Individuum, ein Werk oder eine Idee über uns übt. Sie lähmt all unsere Fähigkeit der Kritik und erfüllt unsere Seele mit Staunen und Achtung. Wie alle Gefühle ist auch das hier auftretende unbeschreibbar, es dürfte aber derselben Art sein wie die Faszination bei einem Hypnotisierten. Das Prestige ist die mächtigste Quelle aller Herrschaft, ohne sie hätten die Götter, die Könige, die Frauen niemals herrschen können.

Die verschiedenen Arten des Prestige lassen sich auf zwei Grundformen zurückführen: das erworbene und das persönliche Prestige. Das erstere ist jenes, das Name, Reichtum, Ansehen verleihen; es kann vom persönlichen Prestige unabhängig sein. Das letztere ist im Gegenteil etwas Individuelles, was mit Ansehen, Ruhm, Reichtum zusammen bestehen oder durch sie verstärkt werden, aber auch sehr wohl ohne sie bestehen kann.

Das erworbene oder künstliche Prestige ist bei weitem am Verbreitetsten. Die bloße Tatsache, dass jemand eine gewisse Stellung einnimmt, ein gewisses Vermögen besitzt, gewisse Titel führt, verleiht ihm ein Prestige, so gering auch dessen persönlicher Wert sein mag. Ein Soldat in Uniform, ein Beamter in der roten Robe haben immer ein Prestige. Pascal hat die Notwendigkeit von Talar und Perücke für die Richter treffend bemerkt; ohne sie würden sie dreiviertel ihrer Autorität einbüßen. Der grimmigste Sozialist wird stets durch den Anblick eines Fürsten oder Marquis bewegt, und man braucht nur einen solchen Titel anzunehmen, um einen Kaufmann beliebig zu begaunern.[28]

Das Prestige, von dem ich eben sprach, ist das von den Personen ausgeübte. Man kann ihm das Prestige zur Seite stellen, welches Anschauungen, literarische oder Kunstwerke usw. ausüben. Es beruht oft nur auf akkumulierter Wiederholung. Da die Geschichte, besonders die Literatur- und Kunstgeschichte, nur die Wiederholung derselben Urteile, die niemand zu kontrollieren versucht, ist, so wiederholt schließlich jeder das in der Schule Gelernte, und es gibt Namen und Dinge, an die niemand zu rühren wagt. Für einen modernen Leser sind die Homerischen Epen unleugbar sehr langweilig; wer

---

[28] Man findet diesen Einfluss der Titel, Ordensbänder, Uniformen auf die Massen in allen Ländern, selbst dort, wo das Gefühl persönlicher Unabhängigkeit die stärkste Entfaltung zeigt. Um dies zu beleuchten, zitiere ich hier eine interessante Stelle aus dem neuen Buch eines Reisenden, welche von dem Prestige gewisser Persönlichkeiten in England handelt.

„Bei verschiedenen Begegnungen hatte ich noch nicht den besonderen Rausch bemerkt, in den die vernünftigsten Engländer durch den Anblick eines englischen Pairs versetzt werden."

„Vorausgesetzt, dass der von ihm gemachte Aufwand seinem Range entspricht, lieben sie ihn von vornherein und ertragen von ihm, wenn er anwesend ist, alles mit Entzücken. Man sieht sie bei seiner Annäherung vor Vergnügen erröten, und wenn er mit ihnen spricht, so erhöht die Freude, die sie empfinden, diese Röte und verleiht ihren Augen einen ungewöhnlichen Glanz. Sie haben, könnte man sagen, den Lord im Blute, wie der Spanier den Tanz, der Deutsche die Musik und der Franzose die Revolution. Ihre Leidenschaft für die Pferde und für Shakespeare ist weniger heftig, die Befriedigung und der Stolz darüber weniger tief. Das Pairsbuch hat einen großen Absatz, und man findet es, wie die Bibel, überall in den Händen aller."

traut sich aber, es zuzugestehen? Das Parthenon ist in seinem gegenwärtigen Zustand eine uninteressante Ruine, aber es besitzt ein solches Prestige, dass man es nur mit seinem ganzen Umkreis historischer Erinnerungen ansieht. Es ist die Eigentümlichkeit des Prestiges, dass es verhindert, die Dinge so zu sehen, wie sie sind, und alle unsere Urteile zu paralysieren. Die Massen haben stets, die Individuen sehr oft das Bedürfnis völlig fertiger Anschauungen betreffs jedes Gegenstandes. Der Erfolg dieser Anschauungen ist unabhängig von dem Wahrheits- oder dem Irrtumsbestandteil, den sie enthalten, er hängt einzig und allein von deren Prestige ab.

Ich komme nun zu dem persönlichen Prestige. Es hat eine ganz andere Beschaffenheit als das künstliche oder erworbene Prestige, mit dem wir es zu tun hatten. Es ist eine von allem Titel, aller Autorität unabhängige Eigenschaft, die nur wenige Personen besitzen, vermöge deren sie einen wahrhaft magnetischen Zauber auf ihre Umgebung auszuüben vermögen, auch wenn dieselbe aus sozial Gleichgestellten besteht, die sich von ihnen in keiner Weise beherrschen lassen. Sie flößen ihnen ihre Gedanken und Gefühle ein, und man gehorcht ihnen, wie das wilde Tier dem Bändiger gehorcht, den es doch so leicht verschlingen könnte. Die großen Führer der Massen, wie Buddha, Jesus, Mohammed, Jeanne d'Arc, Napoleon, haben diese Art des Prestiges in hohem Maße besessen und haben sich besonders durch dieses zur Geltung gebracht. Götter, Heroen und Dogmen setzen sich durch, ohne Gegenstand der Diskussion zu sein; sobald sie dies werden, büßen sie ihre Macht ein.

Die von mir angeführten großen Persönlichkeiten besaßen ihre Faszinationsgewalt schon ehe sie berühmt waren und wären ohne sie nicht berühmt geworden. Es ist z. B. klar, dass Napoleon auf dem Gipfel seiner Macht schon durch seine bloße Macht ein ungeheures Prestige besaß; aber es eignete ihm schon zum Teil in der Zeit, da er noch keinerlei Gewalt hatte und völlig unbekannt war. Als er, ein unbekannter General, durch Protektion zum Befehlshaber der italienischen Armee ernannt worden war, geriet er in die Mitte ihm unfreundlicher Generäle, die sich anschickten, dem ihnen vom Direktorium aufgeladenen jungen Eindringling einen abstoßenden Empfang zu bereiten. Aber von der ersten Minute, von der ersten Begegnung an, ohne dass es Phrasen, Gesten, Drohungen bedurfte, beim ersten Anblick des künftigen großen Mannes waren sie zahm. Taine gibt uns nach zeitgenössischen Memoiren einen interessanten Bericht über diese Zusammenkunft.

„Die Divisionäre, unter anderen Augereau, ein tapferer und grober Haudegen, der auf seine hohe Statur und Tapferkeit stolz war, kommen ins Hauptlager, voreingenommen gegen den kleinen Emporkömmling, den man ihnen aus Paris sendet. Durch die von seiner Person gelieferte Schilderung ist Augereau in feindseliger Stimmung und im Vorhinein widerspenstig: ein Günstling Barras', ein General vom Vendémiaire, ein Straßengeneral, den man wie einen Bären betrachtet, weil er stets allein nachdenkt, ein kleines Gesicht, einen Ruf als Mathematiker und Träumer. Sie werden eingelassen, Bonaparte lässt auf sich warten. Endlich erscheint er, den

Degen umgeschnallt, er bedeckt sein Haupt, setzt seine Dispositionen auseinander, gibt ihnen seine Ordres und verabschiedet sie. Augereau ist stumm geblieben, erst draußen faßt er sich und findet seine gewöhnlichen Flüche wieder; er kommt mit Massena darüber überein, dieser kleine Teufelskerl von General habe ihm Furcht eingeflößt; er kann die Gewalt nicht verstehen, durch die er sich auf den ersten Blick zerschmettert fühlte."

Nachdem er ein großer Mann geworden, nimmt sein Prestige den höchsten Glanz an und wird dem einer Gottheit für ihre Verehrer mindestens gleich. General Vandamme, ein revolutionärer, brutalerer und energischerer Haudegen als Augereau, sagte zum Marschall d'Ornano, als sie im Jahre 1815 zusammen die Tuilerientreppe hinaufstiegen:

„Mein Lieber, dieser Teufelskerl fasziniert mich in einer Weise, die ich nicht begreife. Das geht so weit, dass ich, der ich weder Gott noch Teufel fürchte, wenn ich mich ihm nähere, fast wie ein Kind zu zittern beginne, und er würde mich durch ein Nadelöhr ins Feuer gehen lassen."

Den gleichen Zauber übte Napoleon auf alle, die sich ihm näherten, aus.[29]

Davoust sagte, als er von seiner und Marets Ergebenheit sprach: „Wenn der Kaiser uns beiden sagte: Die Interessen meiner Politik erfordern die Zerstörung von Paris, ohne dass es jemand erfährt und die Stadt verlässt, so würde, dessen bin ich sicher, Maret das Geheimnis wahren; immerhin würde er es so weit verletzen, dass er seine Familie zum Verlassen der Stadt brächte. Ich aber würde, aus Furcht, es zu verraten, Weib und Kinder darin lassen."

An diese erstaunliche Macht der Faszination muss man denken, will man jene wunderbare Rückkehr von der Insel Elba, jene schnelle Eroberung Frankreichs durch einen isolierten Mann, der alle organisierten Kräf-

---

[29] Seines Prestiges durchaus bewusst, wusste Napoleon, dass er es noch vermehrte, indem er die großen Persönlichkeiten seiner Umgebung, zu denen mehrere jener berühmten Konventsmitglieder, die Europa so sehr gefürchtet hatte, zählten, noch etwas schlechter als Stallknechte behandelte. Die zeitgenössischen Berichte sind voll von diesbezüglichen bedeutsamen Begebenheiten.
Eines Tages fuhr im Staatsrat Napoleon Beugnot, den er wie einen ungeschickten Diener behandelte, grob an: „Nun, großer Dummkopf, haben Sie Ihren Kopf wiedergefunden?" Darauf beugt sich der wie ein Regimentstambour gewachsene Beugnot tief, und der kleine nimmt den großen Mann beim Ohr, wie Beugnot schreibt, „ein Zeichen berauschender Gunst, eine trauliche Gebärde des leutselig redenden Herrn." Solche Beispiele geben einen klaren Begriff von dem Grad niedriger Plattheit, den ein Prestige hervorrufen kann; sie machen die ungeheure Verachtung des großen Despoten gegenüber den Menschen seiner Umgebung, die er als bloßes „Kanonenfutter" behandelte, begreiflich. (Fortsetzung der Fußnote nächste Seite).

te eines Landes gegen sich hatte, das man für seine Tyrannei müde hätte halten können, begreifen. Er brauchte die zu seiner Ergreifung ausgesandten Generale, die geschworen hatten, ihn zu ergreifen, nur anzublicken; alle unterwarfen sich ihm ohne Bedenken.

„Napoleon", schreibt General Wolseley, „landet fast allein in Frankreich, als ein Flüchtling der kleinen Insel Elba, die sein Reich bildete, und bringt es zuwege, in wenigen Wochen ohne Blutvergießen die gesamte Machtorganisation des von seinem legitimen König beherrschten Frankreich umzustoßen; hat die persönliche Gewalt eines Menschen sich je wunderbarer bekundet? Wie erstaunlich ist aber die Gewalt, die er von Anfang bis zum Ende dieser seiner letzten Kampagne auch auf die Alliierten, die er seiner Initiative zu folgen zwang, ausübte, und wie viel hat gefehlt, so hätte er sie zerschmettert!"

„Ferdinand von Lesseps hat den Rausch des Triumphs und die Bitterkeit der Enttäuschungen gekannt: Suez und Panama. Hier empört sich das Gemüt wider die Erfolgsmoral. Als es von Lesseps gelang, zwei Meere zu verbinden, da erwiesen ihm Fürsten und Völker Ehre; heute, da er an den Felsen der Cordilleren Schiffbruch erleidet, ist er ein gemeiner Gauner. (…) Das ist ein Krieg der Gesellschaftsklassen, eine Unzufriedenheit der Bureaukraten und Beamten, die sich mittelst des Strafgesetzbuches an jenen rächen, die sich über die anderen erheben möchten. (…) Die modernen Gesetzgeber sind in Verlegenheit angesichts dieser gewaltigen Ideen des Menschengeistes, das Publikum versteht davon noch weniger, und es fällt einem Generalanwalt leicht, zu beweisen, dass Stanley ein Mörder und Lesseps ein Betrüger sei."

Sein Prestige überlebte ihn und wuchs noch mehr. Es machte aus einem unbekannten Neffen einen Kaiser. Angesichts der heutigen Erneuerung seiner Legende sieht man, wie mächtig dieser große Schatten noch ist. Misshandelt die Menschen, so viel ihr wollt, schlachtet sie millionenweise ab, macht eine Invasion nach der anderen, alles ist euch gestattet, wenn ihr ein genügendes Maß von Prestige und das zu dessen Aufrechterhaltung nötige Talent besitzt.

Ich habe hier sicherlich ein ganz exzeptionelles Beispiel des Prestiges herangezogen, das aber nützlich war, um die Genesis der großen Religionen, Lehnen und Reiche verständlich zu machen. Diese Genesis ist ohne die Macht des Prestiges über die Masse unverständlich.

Aber das Prestige gründet sich nicht bloß auf das persönliche Ansehen, den militärischen Ruhm und die religiöse Furcht, es kann einen bescheidenen Ursprung haben und doch noch beträchtlich sein. Unser eigenes Jahrhundert kann uns dafür mehrere Beispiele liefern. Ein sehr prägnantes Beispiel, woran die Nachwelt in verschiedenen Zeiten erinnert wird, gibt die Geschichte des berühmten Mannes, der das Antlitz der Erde und die Handelsbeziehungen der Völker änderte, indem er zwei Erdteile voneinander schied. Sein Unternehmen gelang ihm dank seines ungeheuren Willens, aber auch dank des Zaubers, den er auf seine ganze Umgebung ausübte. Um die einmütige Gegnerschaft, die er vorfand, zu besiegen, brauchte er nur sich zu zeigen. Er sprach eine Weile, und die Gegner wurden durch den von ihm ausgehenden Reiz zu Anhängern. Die Engländer bekämpften sein Projekt besonders wütend; er brauchte nur in England zu erscheinen, um alle Stimmen für sich zu gewinnen. Als er in der Folge durch Southampton kam, läuteten die Glocken auf seinem Wege, und heute befasst sich England damit, ihm ein Denkmal zu errichten. Nachdem er alles, Menschen und Dinge, besiegt, glaubte er nicht mehr an Hindernisse und wollte Suez in Panama erneuern. Aber er war alt geworden, und außerdem versetzt der Berge versetzende Glaube diese nur dann, wenn sie nicht zu hoch sind. Die Berge widerstanden, und die folgende Katastrophe zerstörte die blendende Ruhmesgloriole, die den Helden umgab. Sein Leben lehrt, wie das Prestige wachsen und vergehen kann. Nachdem er den größten Helden der Geschichte an Ruhm gleichgekommen, ward er von der Obrigkeit seines Landes auf das Niveau des gemeinsten Verbrechers hinabgedrückt. Nach seinem Tod ward sein Sarg allein durch die gleichgültigen Massen hindurch getragen. Bloß die Herrscher des Auslandes zollten seinem Andenken Ehren als einem der größten Männer, den die Geschichte je gekannt.[30]

Aber die verschiedenen bisher zitierten Beispiele stellen extreme Formen dar. Zur detaillierten Begründung der Psychologie des Prestige müssten sie an das Ende einer Reihe gestellt werden, die von den Religions- und Reichsstiftern bis zu den Spießbürgern reicht, welche ihren Nachbarn durch ein neues Kleid oder eine Dekoration zu imponieren suchen.

Zwischen die entferntesten Glieder dieser Reihe hätte man alle Arten des Prestiges auf den verschiedenen Kulturgebieten: Wissenschaft, Kunst, Literatur usw. zu

---

[30] Ein ausländisches Blatt, die Wiener „Neue Freie Presse", hat gelegentlich des Schicksals Lesseps' sehr scharfsinnige psychologische Bemerkungen gemacht, die ich hier anführe:
„Nach der Verurteilung Ferdinand von Lesseps' hat man kein Recht mehr, sich über das traurige Ende von Christoph Columbus zu verwundern. Ist Lesseps ein Gauner, dann ist jede edle Illusion ein Verbrechen. Das Altertum hätte das Andenken Lesseps' mit einer Ruhmesaureole bekränzt und hätte ihn im Olymp den Nektarbecher leeren lassen, denn er hat das Antlitz der Erde verändert und Werke ausgeführt, die die Schöpfung vervollkommnen. Durch die Verurteilung Lesseps' hat sich der Präsident des Appellationsgerichtshofes unsterblich gemacht, denn stets werden die Völker den Namen des Mannes verlangen, der nicht fürchtete, sein Jahrhundert zu erniedrigen, einen Greis mit der Sträflingsjacke zu bekleiden, dessen Leben der Ruhm seiner Zeitgenossen war."
„Man rede uns hinfort nicht von unbeugsamer Gerechtigkeit, dort, wo der bürokratische Hass gegen alle kühnen großen Unternehmungen herrscht. Die Völker bedürfen der wagemutigen Männer, die an sich selbst glauben und ohne Rücksicht auf ihr eigenes Ich alle Hindernisse bewältigen. Das Genie kann nicht vorsichtig sein, mit Vorsicht könnte es den Kreis menschlicher Betätigung niemals erweitern."

stellen, und man würde dann sehen, dass es das Grundelement der Überzeugung bildet. Bewusst oder unbewusst wird das mit dem Prestige behaftete Wesen, Mensch, Idee oder Gegenstand, durch Ansteckung nachgeahmt, und es flößt einer ganzen Generation gewisse Gefühlsweisen und Arten des Gedankenausdrucks ein. Meist ist die Nachahmung unbewusst, und das gerade macht sie vollkommen. Die modernen Maler, welche die blassen Farben und starren Haltungen gewisser Primitiver erneuern, haben keine Ahnung von der Quelle ihrer Inspiration, sie glauben so sehr an ihre Ursprünglichkeit, dass, wenn nicht ein hervorragender Meister diese Kunstform erneuert hätte, man an ihr nur die naiven und untergeordneten Seiten weiter bemerkt hätte. Jene, welche nach dem Muster eines berühmten Meisters ihre Leinwand mit violetten Schatten bedecken, sehen in der Natur nicht mehr violett, als man es vor 50 Jahren sah, sie sind aber durch persönlichen, besonderen Eindruck eines Malers suggestioniert, der trotz dieser Schrulle ein großes Prestige zu erlangen wusste. Auf allen Kulturgebieten lassen sich derartige Beispiele leicht anführen.

Aus dem Vorstehenden ist zu ersehen, dass an der Entstehung des Prestiges zahlreiche Faktoren beteiligt sein können. Einer der bedeutendsten von ihnen war allezeit der Erfolg. Jeder Mensch, der Erfolg hat, jede Idee, die zur Geltung kommt, wird schon dadurch anerkannt. Der Beweis, dass der Erfolg eine der wesentlichsten Grundlagen des Prestiges ist, wird dadurch geliefert, dass das letztere fast stets mit dem ersteren schwindet. Der von der Masse am Vorabend umjubelte Held wird, wenn er Unglück gehabt hat, am anderen Morgen von ihr verhöhnt. Je größer das Prestige war, desto lebhafter die Reaktion. Die Masse betrachtet dann den gefallenen Helden als ihresgleichen und rächt sich dafür, dass sie sich vor der ihm nun nicht mehr zuerkannten Überlegenheit gebeugt hat. Als Robespierre seinen Kollegen und einer großen Zahl seiner Zeitgenossen den Hals abschneiden ließ, besaß er ein riesiges Prestige. Als aber eine Verschiebung weniger Stimmen ihn seiner Macht beraubte, verlor er dieses Prestige sogleich, und die Masse folgte ihm zur Guillotine mit ebenso vielen Verwünschungen als den Tag vorher seinen Opfern. Stets zertrümmern die Gläubigen die Statuen ihrer ehemaligen Götter mit Wut.

Das durch Misserfolg geschwundene Prestige ist jäh dahin. Es kann sich auch, aber langsamer, durch Bestreitung abnützen und das sicher. Das bestrittene Prestige ist kein Prestige mehr. Die Götter und Menschen, die ihr Prestige lange zu bewahren wussten, haben eine Erörterung nie geduldet Wer von den Massen bewundert sein will, muss sie stets in Distanz halten.

4. Kapitel

Grenzen der Veränderlichkeit der Anschauungen und Überzeugungen der Massen

§ 1 Die festen Überzeugungen

Es besteht ein genauer Parallelismus zwischen den anatomischen Merkmalen der Wesen und ihren psychologischen Merkmalen. In den anatomischen Merkmalen finden sich gewisse unveränderliche Elemente, die so wenig veränderlich sind, dass zu ihrem Wandel geologische Perioden nötig sind, und neben diesen festen, ursprünglichen finden sich sehr wandelbare Merkmale, die durch das Milieu, die Kunst des Züchters und des Gärtners leicht abgeändert werden, oft so sehr, dass sie dem oberflächlicheren Beobachter die Grundmerkmale verbergen.

Der gleichen Erscheinung begegnen wir bei den geistigen Merkmalen. Neben den ursprünglichen psychischen Elementen einer Rasse finden sich wandelbare und wechselnde Elemente. Das ist der Grund, warum wir bei der Untersuchung der Überzeugungen und Anschauungen eines Volkes stets einen sehr festen Grund finden, auf den Anschauungen gepfropft sind, die ebenso flüchtig wie der den Felsen bedeckende Sand sind.

Die Überzeugungen und Anschauungen der Massen bilden demnach zwei wohlgeschiedene Klassen. Zu der einen gehören die ständigen großen Überzeugungen, welche mehrere Jahrhunderte währen und auf denen eine ganze Kultur beruht; so z. B. in der Vorzeit der feudale Gedanke, die christlichen Ideen, der Reformationsgedanke, in der Gegenwart das Nationalitätsprinzip, die demokratischen und sozialen Ideen. Zur anderen gehören die wechselnden Ansichten des Augenblicks, die meist aus allgemeinen Gedanken sich herleiten und die mit jedem Zeitalter erstehen und vergehen; so z. B. die Theorien, welche in bestimmten Zeiten Kunst und Literatur beherrschen, wie jene, denen die Romantik, der Naturalismus, der Mystizismus usw. entsprungen sind. Sie sind meist so oberflächlich wie die Mode und wechseln wie diese. Es sind die Wellen, die auf der Oberfläche eines tiefen Sees unaufhörlich kommen und gehen.

Die Zahl der großen allgemeinen Überzeugungen ist nicht groß. Ihr Entstehen und Vergehen bildet die Höhepunkte in der Geschichte jeder historischen Rasse, sie bilden das eigentliche Gerüst der Zivilisationen.

Eine flüchtige Anschauung in die Massenseele zu verpflanzen, ist sehr leicht, sehr schwer aber ist dies bei einer dauernden Überzeugung der Fall. Ebenso schwer ist es, die letztere zu stören, wenn sie einmal befestigt ist. Oft ist sie nur um den Preis gewaltiger Revolutionen zu ändern. Ja, die Revolutionen haben diese Macht nur, wenn die Überzeugung fast ihre ganze Herrschaft über die Seelen eingebüßt hat. Die Revolutionen dienen dann zur endgültigen Wegwerfung dessen, was schon ziemlich aufgegeben, aber durch das Joch der Gewohnheit noch nicht gänzlich außer Geltung gekommen war. Die beginnenden Revolutionen sind in Wahrheit verschwindende Überzeugungen.

Der Tag, an dem eine große Überzeugung zu sterben bestimmt ist, ist leicht zu erkennen, es ist derjenige, an dem ihr Wert diskutiert zu werden beginnt. Da jede Gesamtüberzeugung nur eine Fiktion ist, so kann sie nur bestehen, wenn sie keiner Prüfung unterzogen wird.

Selbst nach der starken Erschütterung eines Glaubens bewahren die aus ihm abgeleiteten Institutionen ihre Macht und erlöschen nur langsam. Hat er schließlich ihre ganze Gewalt eingebüßt, dann bricht alles von ihm Gestützte bald zusammen. Es war noch keinem Volk gegeben, seine Überzeugungen ändern zu können, ohne dazu verurteilt zu sein, alle Elemente seiner Kultur abzuändern.

Es modifiziert sie solange, bis es eine neue geltende Gesamtüberzeugung erworben, und bis dahin lebt es notgedrungen in Anarchie. Die Gesamtüberzeugungen sind die notwendigen Stützen der Kultur, sie geben den Ideen die Orientierung. Sie allein erwecken Glauben und begründen die Pflicht.

Stets haben die Völker den Nutzen allgemeiner Überzeugungen empfunden und instinktiv erfasst, dass das Hinschwinden derselben die Stunde des Niederganges für sie bedeuten würde. Der fanatische Kultus Roms bedeutete für die Römer den Glauben, der sie zu Herren der Welt machte, und als dieser Glaube erstorben war, da musste Rom sterben. Erst als die Barbaren, welche die römische Zivilisation zerstörten, einige Gesamtüberzeugungen erlangt hatten, bekamen sie einen gewissen Zusammenhalt und konnten aus der Anarchie herauskommen.

Nicht ohne Grund also haben die Völker stets ihre Überzeugungen intolerant verfochten. Diese Intoleranz, die vom philosophischen Standpunkt so tadelbar ist, stellt die notwendigste Tugend im Völkerleben dar. Um Gesamtüberzeugungen zu begründen oder aufrechtzuerhalten, hat das Mittelalter so viele Scheiterhaufen errichtet und sind so viele Erfinder und Neuerer verzweifelt gestorben, wenn sie der Folter entgingen. Um solche Überzeugungen zu verteidigen, sind so viele Menschen auf den Schlachtfeldern gestorben und werden dort noch sterben.

Die Befestigung einer Gesamtüberzeugung ist sehr schwierig, aber hernach ist ihre Macht lange Zeit unüberwindlich, und mag sie auch philosophisch einen Irrtum bedeuten, sie drängt sich den erleuchtetsten Geistern auf. Haben nicht die Völker Europas mehr als 15 Jahrhunderte lang religiöse Legenden, die bei näherer Betrachtung ebenso barbarisch[31] wie der Moloch-Mythus sind, als unbestreitbare Wahrheiten betrachtet? Die entsetzliche Unsinnigkeit des Mythus von einem Gott, der

---

[31] Barbarisch im philosophischen Sinne, wohlverstanden. In der Praxis haben sie eine ganz neue Kultur begründet und 15 Jahrhunderte lang den Menschen jene Traumes- und Hoffnungsparadiese sehen lassen, die er nicht mehr kennen wird.

sich für die Unfolgsamkeit eines seiner Geschöpfe an seinem Sohne mittelst furchtbarer Marter rächt, ist viele Jahrhunderte lange nicht bemerkt worden. Die gewaltigsten Geister, ein Galilei, Newton, Leibniz, haben keinen Augenblick die Bestreitbarkeit der Wahrheit solcher Dogmen auch nur vermutet. Nichts zeigt schlagender die durch Gesamtüberzeugungen bewirkte Hypnose, aber auch nichts zeigt besser die beschämenden Grenzen unseres Geistes.

Sobald ein neues Dogma der Menschenseele eingepflanzt ist, inspiriert es die Institutionen, die Künste und das Verhalten der Menge. Die von ihm über die Seelen geübte Herrschaft ist dann eine absolute. Die Männer der Tat denken nur an dessen Verwirklichung, die Gesetzgeber nur an dessen Anwendung, die Philosophen, Künstler, Schriftsteller beschäftigen sich nur mit dessen Umsetzung in verschiedene Formen.

Aus der Grundüberzeugung können momentane Ideen entspringen, die aber stets den Stempel des Ursprungsglaubens aufweisen. Die ägyptische, die europäisch-mittelalterliche, die islamitische Kultur der Araber leitet sich aus einer kleinen Anzahl religiöser Überzeugungen her, die ihren Stempel den geringsten Elementen dieser Kulturen aufdrückten und sie sogleich richtig erkennen lassen.

Und so haben sich, dank den Gesamtüberzeugungen, die Menschen jeden Zeitalters mit einem Netz von Überlieferungen, Anschauungen und Gewohnheiten umgeben, durch die sie stets einander ähnlich sind. Besonders werden die Menschen durch die aus diesen Überzeugungen entspringenden Anschauungen und Gewohnheiten geleitet. Sie regeln die unbedeutendsten Akte unseres Lebens, und der unabhängigste Geist denkt nicht daran, sich ihnen zu entziehen. Die echteste Tyrannei ist die, welche die Seelen unbewusst beherrscht, denn sie allein ist unbekämpfbar. Gewiss waren Tiberius, Dschingis Khan, Napoleon schreckliche Tyrannen, aber noch von ihrem Grabe aus haben Moses, Buddha, Jesus, Mohammed, Luther eine noch viel größere Herrschaft über die Geister geübt. Eine Verschwörung kann einen Tyrannen stürzen, was vermag sie aber wider einen wohlgefestigen Glauben? In ihrem heftigen Kampf gegen den Katholizismus ist unsere große Revolution trotz des offenbaren Beifalls der Massen und trotz Zerstörungsmitteln, wie sie die Inquisition nicht unerbittlicher anwandte, unterlegen. Die einzig wahren Tyrannen, welche die Menschheit je gekannt, waren stets die Schatten der Toten oder ihre eigenen Illusionen.

Niemals war die philosophische Absurdität, die den Gesamtüberzeugungen sehr häufig anhaftet, ein Hindernis für ihren Triumph. Ja, dieser Triumph scheint sogar nur dann möglich, wenn sie irgendwelchen geheimnisvollen Unsinn enthalten. Die offenbare Schwäche der sozialistischen Dogmen der Gegenwart wird also ihren Triumph über die Massenseele nicht verhindern. Ihre wahre Minderwertigkeit im Verhältnis zu jedem religiösen Glauben besteht bloß darin: Das Glücksideal, welches der letztere in Aussicht stellte, konnte nur in einem zukünftigen Leben verwirklicht werden, und so konnte niemand diese Verwirklichung bestreiten. Da das sozialistische Glücksideal auf Erden realisiert werden soll, so wird gleich bei den ersten Verwirklichungsversuchen die Leerheit der Verheißungen an den Tag treten, und damit wird der neue Glaube alles Prestige verlieren. Seine Macht wird also nur bis zu dem Tag wachsen, wo nach seinem Triumph die praktische Verwirklichung einsetzen wird. Und aus diesem Grund wird die neue Religion, welche wie alle früheren zunächst eine zerstörerische Rolle spielt, nicht wie diese in der Folge schöpferisch zu wirken vermögen.

§ 2 Die wechselnden Anschauungen der Massen

Über den festen Überzeugungen, deren Macht wir dartaten, liegt eine Schicht von Anschauungen, Ideen, Gedanken, die beständig kommen und gehen. Manche dauern nur einen Tag, und die bedeutendsten derselben überdauern nicht das Leben einer Generation. Wir bemerkten bereits, dass die Veränderungen innerhalb dieser Anschauungen zuweilen mehr scheinbar als wirklich sind und dass sie stets den Stempel der Rasseneigenschaften tragen. Indem wir beispielsweise die politischen Institutionen unseres Landes betrachteten, sahen wir die scheinbar entgegengesetztesten Parteien: Monarchisten, Radikale, Imperialisten, Sozialisten usw. ein absolut identisches Ideal haben und dass dieses Ideal sich nur auf die geistige Struktur unserer Rasse bezieht, da sich unter den analogen Namen bei anderen Rassen ein gänzlich entgegengesetztes Ideal findet. Weder der Name der Anschauungen noch die täuschenden Anpassungen sind es, was den Kern der Dinge verändert. Die Bürger der Revolutionszeit, die von der römischen Literatur ganz erfüllt waren und die, durch die römische Republik angezogen, deren Gesetze, Rutenbündeln und Togen adoptierten und versuchten, deren Institutionen und Muster nachzuahmen, wurden dadurch noch keine Römer, dass sie unter der Herrschaft einer mächtigen Geschichtsillusion standen. Es ist die Aufgabe des Philosophen, das, was sich in den scheinbaren Veränderungen von den alten Überzeugungen erhält, zu erkunden und das zu sondern, was in der Flut der Anschauungen durch die Gesamtüberzeugungen und die Massenseele beeinflusst ist.

Ohne dieses philosophische Kriterium könnte man meinen, die Massen änderten politische oder religiöse Überzeugungen häufig und willkürlich. Die ganze politische, religiöse, Kunst- und Literaturgeschichte scheint dies in der Tat zu bezeugen.

Nehmen wir z. B. eine recht kurze Periode unserer eigenen Geschichte, etwa die von 1790—1820, also 30 Jahre, die Dauer einer Generation. Wir sehen hier, wie die zuerst monarchischen Massen revolutionär, dann imperialistisch und schließlich wieder monarchisch werden. In Bezug auf die Religion gehen sie in derselben Zeit vom Katholizismus zum Atheismus, dann zum Deismus über und kehren zu den extremsten Formen des Katholizismus zurück. Und das tun nicht bloß die Massen, sondern auch deren Führer. Mit Verwunderung sehen wir jene Konventmitglieder, die geschworenen Feinde der Könige, die von Gott und Teufel nichts wissen wollen, ergebene Diener Napoleons werden und dann unter Ludwig XVIII. in den Prozessionen fromm die Kerzen tragen.

Welcher Wechsel sodann in den Massenanschauungen während der folgenden 70 Jahre! Das „perfide Albion" vom Beginn des Jahrhunderts wird unter den Erben Napoleons der Alliierte Frankreichs; das zweimal von uns besetzte Russland, das sich über unsere letzten Niederlagen so sehr gefreut, wird mit einem Male als Freund betrachtet.

In der Literatur, der Kunst, der Philosophie ist der Wechsel der Anschauungen noch jäher. Die Romantik, der Naturalismus, der Mystizismus usw. kommen und gehen nach der Reihe. Die gestern gefeierten Künstler und Schriftsteller werden morgen aufs tiefste verachtet.

Was lehrt uns aber die Analyse dieser scheinbar so tiefen Wandlungen? Dass jene, die im Gegensatz zu den Gesamtüberzeugungen und Gefühlen der Rasse stehen, nur ephemer sind, und dass der abgelenkte Strom bald seinen Lauf wiedergewinnt. Jene Anschauungen, welche sich an keine Grundüberzeugung, an kein Gefühl der Rasse knüpfen und die demnach keine Festigkeit haben können, sind allen Zufällen oder, wenn man will, den geringsten Veränderungen des Milieus preisgegeben. Durch Suggestion und Ansteckung entstanden, sind sie stets momentaner Art; sie kommen und gehen oft so schnell, wie die Sanddünen, die der Wind am Meeresstrand bildet.

Die Summe der flüchtigen Anschauungen der Massen ist heutzutage größer als sie es je war, und zwar aus drei verschiedenen Gründen.

Erstens büßen die alten Überzeugungen immer mehr ihre Herrschaft ein und wirken nicht mehr wie früher auf die wechselnden Anschauungen im Sinne einer bestimmten Orientierung. Das Erlöschen der Gesamtüberzeugungen lässt Raum frei für eine Menge von Sonderanschauungen ohne Vergangenheit und Zukunft.

Zweitens wird die Macht der Massen immer größer und ermangelt immer mehr des Gegengewichts, so dass die besondere Wandelbarkeit der Ideen, die wir bei ihr vorfanden, sich frei äußern kann.

Drittens und endlich bringt die neuerdings so ausgebreitete Presse den Massen unaufhörlich die entgegengesetztesten Anschauungen vor Augen. Die von jeher zu erzeugende Suggestion wird bald von entgegengesetzten Suggestionen aufgehoben. Auf diese Weise kann sich eine Anschauung nicht ausbreiten und hat nur ein kurzes Dasein; sie ist tot, bevor sie sich hinlänglich verbreiten konnte, um allgemein zu werden.

Aus diesen mannigfachen Ursachen ist ein in der Weltgeschichte ganz neues Phänomen erwachsen, welches für unser Zeitalter durchaus charakteristisch ist; ich meine die Unfähigkeit der Regierungen zur Leitung der öffentlichen Meinung.

Einst, es ist nicht lange her, bildeten die Aktion der Regierung, der Einfluss einiger Schriftsteller und eine ganz geringe Zahl von Zeitungen die wahren Regulierer der öffentlichen Meinung. Heutzutage haben die Schriftsteller allen Einfluss eingebüßt, und die Zeitungen geben nur die öffentliche Meinung wieder. Und die Staatsmänner, weit entfernt, sie zu lenken, suchen ihr nur zu folgen, sie fürchten sich vor ihr oft schrecklich, was ihrem Handeln alle Festigkeit nimmt.

Die Meinung der Massen hat demnach die Tendenz, immer mehr zum obersten Regulator der Politik zu werden. Sie ist heute so weit, Allianzen zu erzwingen, wie wir dies vor kurzem bei der russischen Allianz sahen, die ausschließlich einer Volksbewegung entsprungen ist. Es ist ein sehr interessantes Symptom für unsere Zeit, wenn man sieht, wie Päpste, Könige und Kaiser sich der Einrichtung des Interviews unterwerfen, um dem Urteil der Massen ihre Gedanken über einen bestimmten Gegenstand zu unterbreiten. Einst konnte man sagen, die Politik sei keine Sache des Gefühls. Darf man dies auch heute noch sagen, da sie immer mehr durch die Impulse der wandelbaren Massen geleitet wird, die keine Vernunft kennen und nur vom Gefühl beherrscht werden?

Die Presse wiederum, die einstige Leiterin der öffentlichen Meinung, hat wie die Regierungen vor der Macht der Massen zurücktreten müssen. Gewiss besitzt sie noch eine beträchtliche Macht, aber doch nur, weil sie ausschließlich der Reflex der öffentlichen Meinung und ihrer beständigen Schwankungen ist. Zu einem bloßen Informationswerkzeug geworden, hat sie darauf verzichtet, irgend welche Ideen oder Lehren zu propagieren. Sie geht allen Veränderungen des öffentlichen Geistes nach, und sie muss dies genau tun, da sie sonst infolge der Konkurrenz ihre Leser verlieren kann. Die alten würdigen und einflussreichen Organe von ehemals, der „Constitutionell", die „Débats", der „Siècle", deren Aussprüche von der vergangenen Generation ehrfurchtsvoll angehört wurden, sind verschwunden oder zu Informationsorganen geworden, die von einer Chronique amusante, dem Gesellschaftsklatsch und von finanziellen Reklamen umrahmt sind. Welches Blatt wäre heute reich genug, seinen Redakteuren eigene Meinungen gestatten zu können, und welches Gewicht könnten diese Meinungen bei Lesern haben, die nur unterrichtet oder unterhalten werden wollen und die hinter jeder Empfehlung eine Spekulation wittern. Die Kritik hat nicht einmal mehr die Macht, ein Buch oder Theaterstück zu „lancieren". Sie kann ihnen schaden, aber nicht nützen. So sehr sind sich die Blätter der Zwecklosigkeit aller Kritik und Eigenmeinung bewusst, dass sie allmählich die literarischen Kritiken unterdrückt haben, indem sie sich begnügen, den Titel des Buches nebst zwei bis drei Zeilen Reklamezeilen anzuführen, und so wird es sich wohl in zwanzig Jahren auch mit dem Theater verhalten.

Das Erlauern der Meinung ist heute die hauptsächliche Sorge der Presse und der Regierungen. Welche Wirkung ein Ereignis, ein Gesetzentwurf, eine Rede hat, das ist's, was sie stets wissen müssen; und das ist nicht so leicht, denn nichts ist wandelbarer und schillernder als das Denken der Massen, und nichts ist häufiger, als dass sie eben dasselbe, was sie den Tag vorher bejubelten, mit dem Anathema belegen.

Dieser völlige Mangel an Meinungsleitung und gleichzeitig die Auflösung der Gesamtüberzeugungen haben als Endergebnis eine vollständige Zerbröckelung aller Überzeugungen zur Folge gehabt und dazu die wachsende Indifferenz der Massen gegenüber allem, was ihre Interessen nicht direkt berührt. Lehren wie der Sozialismus haben wirklich überzeugte Anhänger nur in den völlig ungebildeten Schichten, z. B. bei Berg- und Fabrikarbeitern. Der Kleinbürger, der Handwerker, der nur ein wenig gebildet ist, ist völlig skeptisch oder wandelbar geworden.

Die seit dreißig Jahren erfolgte Entwicklung ist offensichtlich. In der vorangehenden, aber nicht weit zurückliegenden Zeit besaßen die Meinungen noch eine allgemeine Orientierung, sie leiteten sich von der Annahme gewisser Grundüberzeugungen her. Schon dadurch, dass man Monarchist war, hatte man in Geschichte und Wissenschaft notwendig bestimmte, sehr umgrenzte Ideen, und wenn man Republikaner war, so hatte man ganz entgegengesetzte Ideen. Ein Monarchist wusste genau, dass der Mensch nicht vom Affen abstammt, und ein Republikaner ebenso genau, dass er von ihm abstammt. Der Monarchist musste von der Revolution mit Abscheu, der Republikaner verehrungsvoll sprechen. Es gab Namen, wie Robespierre und Marat, die man mit andächtiger Miene, andere wieder, wie Caesar, Augustus, Napoleon, die man nur unter Schmähungen aussprechen durfte. Bis auf unsere Sorbonne war diese naive Art der Geschichtsauffassung verbreitet.[32]

Heute verlieren gegenüber der Diskussion und Analyse alle Anschauungen ihr Prestige, ihre Angeln nützen sich bald ab, und nur wenige bleiben, die uns erregen könnten. Der moderne Mensch fällt immer mehr der Gleichgültigkeit anheim.

Wir wollen diese allgemeine Erschöpfung der Anschauungen nicht allzu sehr bedauern. Dass sie ein Entartungssymptom im Völkerleben ist, ist unbestreitbar. Gewiss haben die Seher, Apostel, Führer, kurz die Überzeugten, eine ganz andere Gewalt als die Verneiner, Kritiker und Indifferenten, aber wir dürfen nicht vergessen, dass, wenn durch die gegenwärtige Macht der Massen eine einzelne Anschauung genug Prestige erlangte, um zur Geltung zu gelangen, sie bald eine solche tyrannische Gewalt besäße, dass sie alles sogleich beugen wür-

---

[32] In dieser Beziehung sind gewisse Seiten aus den Büchern unserer Professoren recht interessant, sie zeigen, wie wenig der kritische Geist durch unsere Universitätsbildung entwickelt wird. Ich zitiere beispielshalber folgende Zeilen aus der „französischen Revolution" eines ehemaligen Geschichtsprofessors an der Sorbonne, der Unterrichtsminister gewesen ist:
„Die Einnahme der Bastille ist ein Hauptereignis für die Geschichte nicht bloß Frankreichs, sondern Europas überhaupt, sie leitete eine neue Epoche der Weltgeschichte ein."
Betreffs Robespierre erfahren wir staunend, „seine Diktatur erstreckte sich besonders auf die Anschauung, Überzeugung, sittliche Autorität, sie war eine Art Pontifikat in der Hand eines tugendhaften Mannes." (S. 91, 220)!

de und die Zeit der freien Diskussion für lange vorüber wäre.

Oft sind die Massen friedfertige Herren, wie Heliogabal und Tiberius zeitweilig waren, aber sie haben auch wilde Launen. Ist eine Kultur reif, ihnen in die Hände zu fallen, dann ist sie zu vielen Zufällen ausgesetzt, um noch lange zu währen. Wenn irgend etwas die Stunde des Niederganges aufzuhalten vermag, dann ist es nur die extreme Wandelbarkeit der Anschauungen und die wachsende Gleichgültigkeit der Massen gegenüber allen Gesamtüberzeugungen.

Drittes Buch

Klassifikation und Einteilung der Massen-formen

1. Kapitel

Klassifikation der Massen

Wir haben in dieser Schrift die allen psychologischen Massen gemeinsamen Grundzüge dargetan. Wir haben nun die besonderen Merkmale vorzuführen, die zu diesen Grundmerkmalen je nach der Art der Gesamtheiten hinzukommen, wenn diese sich unter dem Einfluss geeigneter Anreize in eine Masse verwandeln.

Zunächst geben wir in aller Kürze eine Klassifikation der Massen.

Ausgangspunkt ist für uns die einfache Menge. Ihre niedrigste Art ist dann gegeben, wenn sie sich aus Individuen verschiedener Rassen zusammensetzt. Ihr einziges Band ist der mehr oder weniger geachtete Wille eines Anführers. Als Beispiel dieses Mengen-Typus können die Barbaren verschiedenen Ursprungs dienen, welche eine Reihe von Jahrhunderten hindurch das Römische Reich besetzten.

Oberhalb dieser Mengen aus verschiedenen Rassen stehen jene, welche unter dem Einfluss gewisser Faktoren gemeinsame Merkmale angenommen haben und schließlich zu einer Rasse geworden sind. Sie werden gelegentlich die Sondermerkmale der Massen aufweisen, aber so, dass dieselben von denen der Rasse mehr oder weniger überdeckt werden.

Beide Kategorien der Mengen können sich unter dem Einfluss der von uns untersuchten Faktoren in organisierte oder psychologische Massen verwandeln. Diese organisierten Massen teilen wir wie folgt ein:

A. Heterogene Massen
1. Anonyme (z. B. Straßenansammlungen)
2. Nicht anonyme (z. b. Jury, Parlament usw.)

B. Homogene Massen
1. Sekten (Politische, religiöse u. a. Sekten)
2. Kasten (Militärische, Priester-, Arbeiterkasten)
3. Klassen. (Bürger, Bauern usw.)

Wir geben in Kürze die Sondermerkmale dieser verschiedenen Massenformen an.

§ 1 Heterogene Massen

Es sind das die Gesamtheiten, deren Eigenschaften wir in der vorliegenden Schrift untersucht haben. Sie bestehen aus beliebigen Individuen, gleichgültig wessen Berufes und welcher Intelligenz.

Wir wissen bereits, dass schon durch das Zusammentreten von Menschen zu einer wirksamen Masse ihre kollektive Psychologie wesentlich von ihrer Individualpsychologie abweicht und dass ihre Intelligenz sie dieser Differenzierung nicht entzieht. Wir sahen, in den Gesamtheiten spielt die Intelligenz keinerlei Rolle, es wirken hier nur Gefühle.

Ein Grundfaktor, die Rasse, lässt uns die verschiedenen heterogenen Massen ziemlich scharf sondern.

Schon wiederholt kamen wir auf die Rolle der Rasse zu sprechen, und wir zeigten, sie sei der mächtigste Faktor, der auf die menschlichen Handlungen Einfluss nimmt. Sie bekundet ihre Wirkung auch in den Masseneigenschaften. Eine aus verschiedenen Individuen, die aber insgesamt Engländer oder Chinesen sind, zusammengesetzte Masse, wird sich von einer anderen Masse, die etwa aus Russen, Franzosen oder Spaniern besteht, von Grund aus unterscheiden.

Die großen Divergenzen, welche die ererbte Geistesbeschaffenheit hinsichtlich der Gefühls- und Denkweise der Menschen begründet, kommen sogleich zum Ausbruch, wenn Umstände, die allerdings ziemlich selten sind, Individuen verschiedener Nationalität in ungefähr gleichem Verhältnis zu einer einzigen Masse vereinigen, mögen auch die den Vereinigungspunkt darstellenden Interessen scheinbar noch so identisch sein.

Die Versuche der Sozialisten, auf großen Kongressen Vertreter der Arbeiterbevölkerung aller Länder zu vereinigen, sind stets in heftige Streitigkeiten ausgelaufen. Eine lateinische Masse, so revolutionär oder konservativ sie auch gedacht werde, wird zur Erfüllung ihrer Forderungen sich stets an den Staat wenden. Sie ist stets zentralistisch und mehr oder minder monarchisch. Eine englische oder amerikanische Masse hingegen weiß nichts vom Staat und appelliert nur an die private Initiative. Eine französische Masse hält vor allem viel auf Gleichheit, eine englische auf Freiheit. Eben diese Rassendifferenzen sind die Ursache, dass es fast ebenso viele Arten des Sozialismus und der Demokratie als Nationen gibt.

Die Rassenseele beherrscht also völlig die Massenseele. Sie ist das mächtige Substrat, das ihre Schwingungen begrenzt. Es kann als ein Grundgesetz gelten, *dass die niederen Eigenschaften der Massen um so weniger akzentuiert sind, je stärker die Rassenseele ist.* Die Regierung und Herrschaft der Massen bedeutet die Barbarei oder die Rückkehr zu ihr. Durch Erwerbung einer fest organisierten Seele allein entgeht die Rasse immer mehr der unbesonnenen Macht und kommt sie aus der Barbarei heraus.

Außer der Rasse besteht die einzige bedeutsame Klassifikation der heterogenen Massen in der Unterscheidung derselben in anonyme (wie die Straßenansammlungen) und nicht anonyme Massen. Das Verantwortlichkeitsgefühl, welches den ersteren fehlt und bei den letzteren sich entwickelt zeigt, verleiht ihren Handlungen oft eine sehr verschiedene Richtung.

§ 2 Homogene Massen

Die homogenen Massen umfassen 1.) die Sekten, 2.) die Kasten, 3.) die Klassen.

Die *Sekte* stellt den ersten Grad der Organisation homogener Massen dar. Zu ihr gehören Individuen, deren Erziehung, Beruf und Milieu oft sehr verschieden ist, und die nur durch das Band der Überzeugungen miteinander verbunden sind. So z. B. die religiösen und politischen Sekten.

Die *Kaste* stellt den höchsten Organisationsgrad dar, dessen die Masse fähig ist. Während die Sekte Individuen umfasst, deren Beruf, Bildung und Milieu sehr verschieden sind und die nur durch Gemeinsamkeit der Überzeugungen sich aneinander anschließen, gehören zur Kaste nur Individuen gleichen Berufes und folglich auch ziemlich ähnlicher Bildung und Lebensverhältnisse. So z. B. die militärische und die Priesterkaste.

Die *Klasse* wird von Individuen verschiedenen Ursprungs gebildet, die nicht wie die Mitglieder einer Sekte durch die Übereinstimmung der Überzeugungen, noch auch durch die Gleichheit des Berufes, wie die Mitglieder einer Kaste, sondern durch bestimmte Interessen, Lebensgewohnheiten und gleichartige Erziehung vereinigt sind. So z. B. die Klasse der Bürger, der Bauern usw.

Da ich in diesem Buch es nur mit den heterogenen Massen zu tun habe und die Untersuchung der homogenen Massen (Sekten, Kasten, Klassen) einem anderen

Werk vorbehalte, so werde ich die Eigenschaften der letzteren hier nicht weiter verfolgen und mich nur mit einigen Arten heterogener Massen, die ich als typische Beispiele herausgreife, beschäftigen.

2. Kapitel

Die sogenannten kriminellen Massen

Da nach einer bestimmten Erregungsperiode die Massen in den Zustand einfacher unbewusster, von Suggestionen geleiteter Automaten geraten, so scheint es schwierig, sie in irgend einem Falle als verbrecherisch zu qualifizieren. Ich behalte diese falsche Bezeichnung nur bei, weil sie durch neuere psychologische Forschungen üblich geworden ist. Gewisse Handlungen der Massen sind, an sich betrachtet, gewiss verbrecherisch, aber auch nur in dem Sinn, wie die Tat eines Tigers, der einen Hindu verschlingt, nachdem er ihn vorerst durch seine Jungen zu deren Unterhaltung hat zerfleischen lassen.

Die Massenverbrechen haben in der Regel eine mächtige Suggestion zum Beweggrund, und die an ihnen schuldigen Individuen sind in der Folge davon durchdrungen, sie hätten nur eine Pflicht erfüllt - ein Umstand, der bei dem gewöhnlichen Verbrecher fehlt.

Dies wird durch die Geschichte der von den Massen begangenen Verbrechen bezeugt.

Als typisches Beispiel wäre die Ermordung des Gouverneurs der Bastille, de Launay, anzuführen. Nach dem Falle dieser Festung empfing der von einer äußerst erregten Masse umgebene Gouverneur von allen Seiten Hiebe. Man schlug vor, ihn zu hängen, zu enthaupten oder an den Schweif eines Pferdes zu binden. Sich losmachend, gab er einem der Umstehenden versehentlich einen Fußstoß. Darauf machte jemand den von der Masse sogleich beifällig aufgenommenen Vorschlag, das von dem Fußstoß betroffene Individuum solle dem Gouverneur den Hals abschneiden.

„Dieser, ein stellenloser Koch, der nach der Bastille gegangen war, um zu sehen, was dort vorging, glaubt, die Tat sei patriotisch, weil dies die allgemeine Ansicht ist, und glaubt sogar, einen Orden zu verdienen, wenn er ein Ungeheuer vernichtet. Mit einem ihm dargereichten Säbel schlägt er auf den entblößten Hals; da der schlecht geschliffene Säbel nicht schneidet, zieht er aus seiner Tasche ein kleines Messer mit einem schwarzen Heft und vollendet, da er als Koch das Fleisch zu bearbeiten weiß, erfolgreich seine Operation."

Hier zeigt sich klar der früher angegebene Mechanismus: Gehorsam gegenüber einer Suggestion, die umso stärker ist, als sie kollektiv ist, Überzeugung des Mörders, eine sehr verdienstvolle Tat begangen zu haben, eine Überzeugung, die umso natürlicher ist, da er den einstimmigen Beifall seiner Mitbürger besitzt. Eine solche Tat kann wohl gesetzlich, aber nicht psychologisch als Verbrechen qualifiziert werden.

Die allgemeinen Merkmale der sogenannten kriminellen Massen sind eben jene, die wir bei allen Massen angetroffen haben: Suggestibilität, Leichtgläubigkeit, Wandelbarkeit, Übertreibung der guten und schlechten Gefühle, Äußerung gewisser Sittlichkeitsformen usw.

Alle diese Merkmale finden sich bei einer der Massen, welche in unserer Geschichte ein sehr trauriges Andenken zurückgelassen haben, wieder, nämlich bei den Septembermännern. Sie weisen übrigens eine starke Analogie mit den Anstiftern der Bartholomäusnacht auf. Die Einzelheiten des Berichtes entnehme ich Taine, der sie aus den zeitgenössischen Memoiren geschöpft hat.

Es ist nicht genau bekannt, wer den Befehl oder die Suggestion zur Ausleerung der Gefängnisse, um die Gefangenen abzuschlachten, gegeben hat. Ob dies, wie es wahrscheinlich ist, Danton oder ein anderer war, ist gleichgültig, uns interessiert hier nur die mächtige Suggestion, welche die mit dem Blutbad betraute Menge empfing.

Die Masse der Menschenschlächter umfasste ungefähr 300 Personen und repräsentierte vollkommen den Typus einer heterogenen Masse. Abgesehen von einer ganz geringen Anzahl von gewerbsmäßigen Bettlern bestand sie namentlich aus Händlern und Handwerkern aller Art: aus Schustern, Schlossern, Perückenmachern, Maurern, Angestellten, Dienstmännern usw. Unter dem Einfluss der empfangenen Suggestion sind sie, wie der oben erwähnte Koch, durchaus davon überzeugt eine patriotische Pflicht zu erfüllen. Sie üben ein doppeltes Amt aus, das des Richters und des Scharfrichters, halten sich aber in keiner Weise für Verbrecher.

Durchdrungen von der Wichtigkeit ihrer Aufgabe, bilden sie zunächst eine Art Gerichtshof, und alsogleich zeigt sich der einfältige Geist und ebenso die Billigkeit der Massen. Angesichts der beträchtlichen Anzahl der Angeklagten wird zunächst entschieden, die Adeligen, Priester, Offiziere, Diener des Königs, d. h. alle jene, deren Beruf schon in den Augen eines guten Patrioten als Schuldbeweis erscheint, sollen haufenweise getötet werden, ohne dass es eines besonderen Urteils bedarf. Die übrigen werden nach Aussehen und Ansehen verurteilt werden. Nach Befriedigung ihres rudimentären Gewissens kann die Masse in legaler Weise an die Abschlachtung gehen und jenen Grausamkeitsinstinkten freien Lauf lassen, deren Ursprung ich früher zeigte und den die Gesamtheiten stets in hohem Maße zu entfalten vermögen. Sie verhindern übrigens nicht - und es ist die Regel bei den Massen - die gleichzeitige Offenbarung gegensätzlicher Gefühle, so z. B. eine Empfindsamkeit, die oft eben so groß ist als ihre Grausamkeit.

„Sie haben das ausgedehnte Mitgefühl und die schnelle Empfindsamkeit des Pariser Handwerkers. In der Abtei vernahm ein Föderierter, dass man die Häftlinge seit 26 Stunden ohne Wasser gelassen, und wollte durchaus den nachlässigen Pförtner töten, was er auf die Bitten der Gefangenen selber getan hätte. Ist (von ihrem improvisierten Gerichtshof) ein Gefangener freigesprochen worden, so wird er von Wächtern und Henkern, von jedermann umarmt und stürmisch begrüßt." Dann geht es an die Massenabschlachtung der Übrigen. Während des Blutbades herrscht beständig eine heitere Stimmung. Man tanzt und singt um die Leichen, stellt den „Damen" Bänke zur Verfügung, die glücklich sind, dass sie einen Aristokraten töten sehen. Auch geben sie weitere Proben einer besonderen Billigkeit zu erkennen. Als ein Henker in der Abtei sich beklagt, die etwas weiter sitzenden Damen sähen schlecht, und nur einige der Anwesenden hätten das Vergnügen, auf die Aristokraten einzuhauen, geben sie die Berechtigung dieser Bemerkung zu und bestimmen, man werde die Opfer langsam zwischen zwei Hecken von Würgern passieren lassen, die zur Verlängerung des Strafgerichts nur mit dem Säbelrücken hauen dürfen. In der Festung entkleidet man die Opfer völlig, zerfleischt sie eine halbe Stunde lang, und dann, wenn jedermann alles gut gesehen hat, schlitzt man ihnen endlich den Leib auf.

Die Menschenschlächter sind übrigens sehr skrupelhaft und bekunden jene Sittlichkeit, deren Existenz im Schoß der Massen wir bereits verzeichneten. Sie scheuen davor zurück, sich des Geldes und Schmuckes der Opfer zu bemächtigen und bringen es zu dem Tisch des Ausschusses.

In allen ihren Handlungen finden sich die rudimentären Denkweisen, die für die Massenseele charakteristisch sind. So bemerkt nach der Abschlachtung von 1200 —1500 Volksfeinden irgend jemand, dessen Eingebung auch angenommen wird, die anderen Gefängnisse, welche alte Bettler, Vagabunden, jugendliche Häftlinge einschließen, enthielten in Wahrheit nur unnütze Esser, es wäre daher gut, sich ihrer zu entäußern. Übrigens muss es unter ihnen auch Volksfeinde geben, wie z. B. eine gewisse alte Frau Delarne, die Witwe eines Giftmischers: „Sie muss wütend sein, im Gefängnis zu sitzen; vermöchte sie es, sie würde Paris in Brand setzen, sie soll dies gesagt haben, hat es gesagt. Fort mit ihr." Diese Demonstration scheint evident, und so wird alles haufenweise massakriert, inbegriffen etwa 50 Kinder von 12 bis 17 Jahren, die ja auch Volksfeinde hätten werden können und deren Beseitigung von Interesse war.

Nach Verlauf einer Arbeitswoche waren alle diese Maßnahmen ausgeführt, und die Menschenschlächter durften an ihre Ruhe denken. Da sie tief davon durchdrungen waren, sich um das Vaterland wohl verdient gemacht zu haben, verlangten sie von den Autoritäten eine Belohnung, die eifrigsten forderten sogar eine Medaille.

Ähnliche Tatsachen weist die Geschichte der Kommune von 1871 auf. Der wachsende Einfluss der Massen und die allmähliche Kapitulation der Mächte vor ihnen wird uns sicherlich noch viele andre bringen.

3. Kapitel

Die Geschworenen bei den Assisenge-
richten

Da wir an dieser Stelle nicht alle Arten von Geschworenen betrachten können, so werde ich mich nur
mit den wichtigsten derselben, denen der Beisitzer an
den Assisengerichten, befassen. Sie bieten uns ein treffli-
ches Beispiel für die nicht anonyme heterogene Masse.
Wir finden hier die Suggestibilität, die Vorherrschaft der
unbewussten Eindrücke, die geringe Fähigkeit zum Denken, den Einfluss der Anführer usw. Ihr Studium wird
uns mit interessanten Mustern von Irrtümern bekannt
machen, welche die mit der Psychologie der Gesamtheiten nicht Vertrauten begehen können.

Die Geschworenen sind zunächst ein Beispiel für
die geringe Bedeutung, die hinsichtlich der Entscheidungen dem geistigen Niveau der verschiedenen Elemente
einer Masse zukommt. Wir sahen, wenn eine beratende
Versammlung ihr Urteil über eine nicht gänzlich technische Frage abgeben soll, so spielt hierbei die Intelligenz
keinerlei Rolle, und eine Versammlung von Gelehrten
oder Künstlern weist durch die bloße Tatsache der Vereinigung über allgemeine Gegenstände keine von den Anschauungen einer Maurer- oder Krämerversammlung
merklich unterschiedenen Urteile auf. In manchen Zeiten

traf die Verwaltung unter den zu Geschworenen ernannten Personen eine sorgfältige Auswahl, und man entnahm sie den gebildeten Klassen: Professoren, Beamten, Gelehrten usw. Heutzutage setzt sich die Jury besonders aus Kleinhändlern, Handwerksmeistern, Angestellten usw. zusammen. Und nun zeigt, zur großen Verwunderung der Fachschriftsteller, die Statistik, dass die Entscheidungen der Geschworenen ganz dieselben sind, mögen jene wie immer zusammengesetzt sein. Selbst die der Institution der Geschworenen so abholden Gerichtspersonen mussten die Richtigkeit dieser Tatsache anerkennen. Ein ehemaliger Präsident des Assisengerichtshofes, Bernard des Glajeux, bemerkt in seinen „Erinnerungen" darüber folgendes:

„Heute liegt die Auswahl der Geschworenen tatsächlich in den Händen der Stadträte, die sich von politischen und Wahlverhältnissen leiten lassen. (…) Die Majorität der Gewählten besteht aus Kaufleuten von geringerer Bedeutung als früher und aus bestimmten Verwaltungsbeamten. (…) Da die Anschauungen sich in der Richterrolle mit allen Berufsarten vermengen, viele den Eifern des Neophyten bezeugen und die mit dem besten Willen Begabten sich in den einfachsten Ständen finden, so hat sich der Geist der Jury nicht geändert, *ihre Verdikte sind sich gleich geblieben*."

Aus der hier angeführten Stelle wollen wir die ganz wichtigen Folgerungen, nicht aber die recht schwachen Erklärungen behalten. Wir dürfen über diese Schwäche nicht allzu sehr erstaunt sein, denn die Psychologie der Massen, also auch die der Geschworenen scheint meist den Anwälten wie den Richtern unbekannt gewesen zu sein. Den Beweis dafür gibt mir die von dem eben genannten Autor angeführte Tatsache, dass einer der berühmtesten Advokaten am Assisengerichtshof, Lachaud, systematisch sich seines Rechtes der Ablehnung aller gebildeten Mitglieder der Jury bediente. Die Erfahrung aber, und nur sie, zeigte ihm schließlich die Zwecklosigkeit dieser Ablehnungen. Zum Beleg dafür dient die Tatsache, dass gegenwärtig das Justizministerium und die Advokaten, in Paris wenigstens, vollständig darauf verzichtet haben, und dennoch haben sich, wie des Glajeux bemerkt, die Verdikte nicht geändert; „sie sind weder besser noch schlechter".

Wie alle Massen, werden die Geschworenen sehr stark durch Gefühle, nur sehr schwach durch logische Argumente beeinflusst „Sie widerstehen nicht", schreibt ein Advokat, „dem Anblick einer stillenden Frau oder einem Aufmarsch von Waisen." „Eine Frau braucht nur anmutig zu sein", sagt des Glajeux, „so gewinnt sie das Wohlwollen der Jury."

Unerbittlich gegenüber Verbrechen, von denen sie selbst betroffen werden könnten und die eben für die Gesellschaft die schrecklichsten sind, haben sie viel Nachsicht gegenüber den sogenannten Leidenschaftsverbrechen. Selten zeigen sie Strenge bei Kindesmord unehelicher Mütter und noch weniger gegenüber dem verlassenen Mädchen, welches seinen Verführer ein wenig mit Vitriol überschüttet, indem sie instinktiv recht wohl fühlen, diese Verbrechen seien für die Gesellschaft wenig gefährlich, und es sei in einem Lande, das verlassene

Mädchen nicht schützt, das Verbrechen der sich Rächenden mehr Nutzen als Schaden bringend, indem es künftige Verführer im Vorhinein abschreckt.[33]

Die Jurys werden wie alle Massen durch das Prestige stark geblendet, und ganz richtig bemerkt der Präsident des Glajeux, sie seien sehr demokratisch ihrer Zusammensetzung nach, aber sehr aristokratisch in ihren Neigungen. „Name, Geburt, Reichtum, Ansehen und die Anwesenheit eines berühmten Anwalts, alles Distinguierende und Glänzende bilden für den Angeklagten eine sehr erhebliche Stütze."

Es muss die Sorge eines jeden guten Anwalts sein, auf die Gefühle der Geschworenen einzuwirken, wie bei allen Massen nur wenig zu räsonieren oder nur rudimentäre Argumentationsweisen anzuwenden. Ein durch seine

---

[33] Es sei nebenbei bemerkt, dass diese von den Geschworenen mit gutem Instinkt gemachte Unterscheidung zwischen den gesellschaftsfeindlichen und nicht gesellschaftsfeindlichen Verbrechen der Richtigkeit keineswegs entbehrt. Das Ziel der Strafgesetze soll doch offenbar der Schutz der Gesellschaft gegen gefährliche Verbrecher, nicht aber Rache sein. Nun sind jedoch unsere Strafgesetzbücher, und besonders unsere Richter von dem Rachegeist des alten Unrechts völlig erfüllt, und der Ausdruck „Ahndung" (vindicta) wird noch täglich gebraucht. Diese Tendenz der Richter wird durch die Weigerung vieler von ihnen bezeugt, das treffliche Gesetz Bérenger, welches dem Verurteilten die Strafe bis zu seiner Rückfälligkeit erlässt, anzuwenden. Und doch muss jeder Richter wissen - die Statistik beweist es ja - , dass die erste Bestrafung fast unfehlbar die Rückfälligkeit bedingt. Lassen die Richter einen Schuldigen frei, so glauben sie stets, die Gesellschaft sei ungerächt geblieben. Bevor sie dies zulassen, wollen sie lieber einen gefährlichen Rückfälligen schaffen.

Erfolge beim Assisengericht berühmter Advokat hat dieses Verfahren trefflich ausgeübt.

„Während seines Plädoyers beobachtete er die Jury aufmerksam. Der Augenblick ist günstig. Mittels seines Spürsinnes und auf die Erfahrung gestützt, liest der Advokat die Wirkung jeder Phrase, jedes Wortes in den Mienen und zieht daraus seine Schlüsse. Es handelt sich vor allem darum, die dem Fall im voraus günstigen Mitglieder zu erkennen. Der Verteidiger versichert sich ihrer durch eine Handbewegung, dann wendet er sich zu den dem Anschein nach ungünstig gestimmten Mitgliedern und bemüht sich, zu erraten, warum sie gegen den Angeklagten eingenommen sind. Das ist der heikelste Teil der Arbeit, denn es kann außer der Gerechtigkeit noch unzählige Gründe geben, einen Menschen verurteilen zu wollen."

Diese wenigen Zeilen bringen das Ziel der rednerischen Kunst ausgezeichnet zum Ausdruck und zeigen uns zugleich, warum die einstudierte Rede zwecklos ist: Weil man in jedem Augenblick je nach dem erzielten Eindruck die Ausdrücke ändern muss.

Der Redner braucht nicht alle Mitglieder der Jury auf seine Seite zu bringen, sondern bloß die tonangebenden, welche die Gesamtmeinung beeinflussen werden. Es gibt hier wie in allen Massen eine kleine Anzahl von führenden Individuen. „Ich habe", bemerkt der oben erwähnte Anwalt, „die Erfahrung gemacht, dass im Moment der Urteilsfällung nur ein bis zwei energische Männer da sein mussten, um die übrigen Geschworenen mitzureißen." Diese zwei bis drei Männer muss man durch geschickte Suggestionen überzeugen. Das Massenmitglied, dem man gefällt, ist leicht zu überzeugen und durchaus in der Verfassung, alle ihm vorgeführten Gründe als trefflich zu befinden. In der interessanten Arbeit über Lachaud finde ich folgende Anekdote:

„Wie man weiß, ließ Lachaud während der ganzen Dauer seiner Ansprachen an die Geschworenen zwei bis drei von ihnen, die er als einflussreich, aber spröde kannte oder fühlte, nicht aus den Augen. In der Regel gelang ihm die Gewinnung der Widerspenstigen. Aber einmal traf er in der Provinz einen, den er dreiviertel Stunden lang mit seinen stärksten Waffen vergebens bearbeitete, den ersten auf der zweiten Bank, den siebenten Geschworenen. Es war zum Verzweifeln. Plötzlich, mitten in einem leidenschaftlichen Passus, hält Lachaud inne und wendet sich an den Vorsitzenden des Gerichtshofes mit den Worten: ‚Herr Präsident, könnte man nicht den Vorhang dort herunterlassen, den siebenten Herrn Geschworenen blendet das Sonnenlicht.‘ Der siebente Geschworene errötete, lächelte, dankte. Er ward der Verteidigung gewonnen.“

Verschiedene Autoren, unter ihnen sehr namhafte, haben in der letzten Zeit die Institution der Schwurgerichte heftig bekämpft, den einzigen Schutz, den wir gegen die wirklich sehr häufigen Irrtümer einer kontrollfreien Kaste besitzen.[34] Die einen möchten eine bloß den gebildeten Ständen entnommene Jury. Aber wir sahen schon, dass auch dann die Entscheidungen mit den jetzt abgegebenen identisch sein werden. Andere wieder, die sich auf die von Geschworenen begangenen Irrtümer berufen, wollen die Abschaffung jener und deren Ersetzung durch Richter. Wie können wir aber vergessen, dass diese den Geschworenen so oft vorgeworfenen Irrtümer stets zuerst von den Richtern begangen wurden; denn wenn der Angeklagte vor der Jury erscheint, so ist er bereits von verschiedenen Richtern als schuldig angesehen worden: vom Untersuchungsrichter, vom Staatsanwalt und vom Anklagesenat. Sieht man denn nicht, dass der Angeklagte, würde er statt von Geschworenen schließlich von Richtern abgeurteilt, seine einzige Aussicht auf

---

[34] Das Richteramt ist in der Tat der einzige Verwaltungszweig, dessen Maßnahmen ohne jede Kontrolle sind. Ungeachtet aller seiner Revolutionen besitzt das demokratische Frankreich nicht jenes Habeas-corpus-Recht, auf das England so stolz ist. Wir haben alle Tyrannen verjagt, in jeder Stadt aber haben wir eine Obrigkeit, die nach Belieben über Ehre und Freiheit der Bürger verfügt. Ein unbedeutender Untersuchungsrichter, der die Rechtsschule kaum verlassen, hat die empörende Macht, für die er niemandem Rechenschaft schuldig ist, die geachtetsten Bürger, gegen die er einen Schuldverdacht hegt, ins Gefängnis zu schicken. Er kann sie sechs Monate, ja ein Jahr unter dem Vorwand der Untersuchung dort behalten und sie dann ohne Entschädigung oder Entschuldigung entlassen. Der Vorladungsbefehl ist dem „lettre du cachet" durchaus analog, nur mit dem Unterschied, dass der letztere, der mit Recht der alten Monarchie so vorgeworfen wurde, nur sehr bedeutenden Persönlichkeiten zur Verfügung stand, während er heute sich in den Händen einer ganzen Bürgerklasse befindet, die weit entfernt ist, als die aufgeklärteste und unabhängigste zu gelten.

Freisprechung einbüßen würde. Die Irrtümer der Geschworenen waren zuerst stets Irrtümer der Richter. An diese letzteren allein muss man sich also halten, wenn man besonders ungeheuerliche Justizirrtümer wie die Verurteilung des Dr. X… sieht, der, auf die Anzeige eines halb idiotischen Mädchens, welches den Arzt beschuldigte, für 50 Francs habe er sie abortieren lassen, von einem doch nicht zu sehr beschränkten Untersuchungsrichter verfolgt, ohne den Entrüstungsausbruch der Öffentlichkeit, die seine Begnadigung durch das Staatsoberhaupt zur Folge hatte, ins Bagno gewandert wäre. Die von allen seinen Mitbürgern anerkannte Ehrenhaftigkeit des Verurteilten legte die Grobheit des Irrtums an den Tag. Selbst die Richter erkannten dieselbe, aber aus Korpsgeist taten sie alles mögliche, um die Unterzeichnung der Begnadigung zu verhindern. In allen ähnlichen Fällen hört die von technischen Details, die sie nicht versteht, umgebene Jury naturgemäß auf das öffentliche Amt, indem sie sich sagt, der Fall sei von Richtern, die in allen Feinheiten bewandert sind, untersucht. Wer sind dann die rohen Urheber des Irrtums, die Geschworenen oder die Richter? Wir wollen also die Jury sorgfältig wahren. Sie bildet vielleicht die einzige Art der Masse, die durch keine Individualität zu ersetzen ist. Nur sie kann die Härten des Gesetzes mildern, welches, für alle gleich, im Prinzip blind sein muss und Sonderfälle nicht kennen darf. Der dem Mitleid unzugängliche, nur den Wortlaut des Gesetzes kennende Richter mit seiner Berufshärte würde den Raubmörder nicht anders bestrafen als das arme Mädchen, das, von seinem Verführer verlassen und dem Elend preisgegeben, zum Kindesmord verleitet wird, während die Jury instinktiv sehr wohl fühlt, das verführte Mädchen sei viel weniger schuldig als der Verführer, der doch dem Gesetz entschlüpft, und sie verdiene alle ihre Nachsicht.

Indem ich die Psychologie der Kasten ebenso wie die der anderen Massen sehr wohl kenne, sehe ich keinen Fall, wo ich, wäre ich eines Verbrechens angeklagt, nicht lieber es mit Geschworenen als mit Richtern zu tun hätte. Bei den ersteren hätte ich große Aussicht auf Freisprechung, bei den letzteren nur sehr geringe. Fürchten wir die Macht der Massen, aber noch mehr die Macht gewisser Kasten. Die ersteren lassen sich vielleicht überwinden, die letzteren wanken niemals.

4. Kapitel

Die Wählermassen

Die Wählermassen, d. h. die zur Wahl irgendwelcher Amtsinhaber berufenen Gesamtheiten, bilden heterogene Massen; da sie aber nur in einer ganz bestimmten Hinsicht ihre Wirksamkeit entfalten, nämlich betreffs der Wahl zwischen mehreren Kandidaten, so lassen sich bei ihnen nur einige der vorbeschriebenen Merkmale beobachten. Besonders bekunden sie die geringe Urteilsfähigkeit, den Mangel kritischen Geistes, die Erregbarkeit, Leichtgläubigkeit und Simplizität der Massen. In ihren Entscheidungen findet sich auch der Einfluss der Führer und die Rolle der bereits angeführten Faktoren: die Behauptung, die Wiederholung, das Prestige und die Ansteckung.

Sehen wir nun zu, wie sie zu gewinnen sind. Aus den am besten dazu geeigneten Verfahrensweisen wird deren Psychologie klar erhellen.

Die erste Bedingung, die der Kandidat zu erfüllen hat, ist, dass er ein Prestige besitzt. Das persönliche Prestige ist nur durch das des Reichtums zu ersetzen. Das Talent und sogar das Genie ist kein Element des Erfolgs.

Diese Notwendigkeit, dass der Kandidat ein Prestige, d. h. die Macht, sich ohne Diskussion durchzusetzen, hat, ist wesentlicher Art. Wenn die Wähler, deren Mehrheit aus Handwerkern und Bauern besteht, so selten einen der ihrigen zum Abgeordneten wählen, so erklärt sich dies daraus, dass die ihrem Stande angehörenden Personen kein Prestige bei ihnen haben. Und wenn sie zufällig einen aus ihrer Mitte erwählen, so geschieht das meistens nur aus nebensächlichen Gründen, z. B. um einem hervorragenden Mann, einem mächtigen Fabrikherrn wegen der Abhängigkeit, in der sich der Wähler ständig von ihm befindet, entgegenzutreten, und so die Illusion zu bekommen, für einen Augenblick der Herr zu sein.

Aber der Besitz des Prestige genügt nicht zur Sicherung des Erfolges. Der Wähler hält darauf, dass man seinen Begierden und Eitelkeiten schmeichelt; der Kandidat muss sich ihm gegenüber als Speichellecker erweisen und kein Bedenken tragen, ihm die fantastischsten Versprechungen zu machen. Ist er ein Arbeiter, so kann man seine Chefs nicht genug beleidigen und schmähen. Den gegnerischen Kandidaten wiederum muss man zu vernichten suchen, indem man durch Behauptungen, Wiederholungen und Ansteckung festzustellen sucht, er sei der ärgste Schuft, von dem jeder weiß, dass er mehrere Verbrechen auf dem Gewissen hat. Selbstredend darf man hierbei nichts vorbringen wollen, was einem Beweise ähnelt. Ist der Gegner ein schlechter Kenner der Massenpsychologie, so wird er sich durch Argumente zu rechtfertigen suchen, statt sich damit zu begnügen, Behauptung mit Behauptung zu erwidern, und er wird dann keine Aussicht auf Sieg mehr haben.

Das geschriebene Programm des Kandidaten darf nicht zu kategorisch sein, weil seine Gegner es ihm später entgegenhalten könnten, aber das mündliche Programm kann nicht übertrieben genug sein. Die außerordentlichen Reformen dürfen unbesorgt in Aussicht gestellt werden. Für den Augenblick erzielen diese Übertreibungen große Wirkung, und für die Zukunft verpflichten sie zu nichts. Es ist in der Tat eine konstante Beobachtung, dass der Wähler sich niemals um die Erkundung dessen gekümmert hat, in welchem Ausmaß der Gewählte sein Glaubensbekenntnis, welches gutgeheißen und angeblich zur Grundlage der Wahl genommen war, erfüllt hat.

Wir erkennen hier alle von uns beschriebenen Überzeugungsfaktoren wieder. Wir finden sie ebenso in der Wirkung der Wörter und Formeln, dessen mächtige Herrschaft wir bereits dargetan haben. Der Redner, der die Massen zu behandeln weiß, bringt die Massen, wozu er will. Ausdrücke wie: das infame Kapital, die gemeinen Ausbeuter, der vortreffliche Arbeiter, die Sozialisierung der Vermögen u. a. erzielen stets den gleichen, wenn auch schon etwas abgebrauchten Effekt. Der Kandidat aber, der eine neue Formel findet, die jeder bestimmten Bedeutung ermangelt und daher den verschiedensten Ansprüchen zu genügen vermag, erzielt unfehlbar einen Erfolg. Die blutige spanische Revolution von 1873 kam durch eines jener magischen, schillernden Wörter, das jeder nach seiner Weise deuten kann, zustande. Ein zeitgenössischer Autor hat den Ursprung derselben in denkwürdigen Ausdrücken berichtet.

„Die Radikalen hatten entdeckt, eine unitarische Republik sei eine verkappte Monarchie, und ihnen zu Gefallen hatten die Cortes einstimmig die föderale Republik proklamiert, ohne dass auch nur einer der Votanten hätte sagen können, was da eben votiert wurde. Aber diese Formel bezauberte alle Welt, es war das ein Rausch, ein Delirium. Die Herrschaft der Tugend und des Glückes war soeben auf Erden begründet worden. Ein Republikaner, dessen Feind ihm den Titel eines Föderalen versagte, war dadurch wie ob eines tödlichen Schimpfwortes beleidigt. Auf den Straßen ging man aufeinander zu mit den Worten: Salud y republica federal! Dann stimmte man der heiligen Disziplinlosigkeit und

Autonomie des Soldaten Lobeshymnen an. Was war die „föderale Republik"? Die einen verstanden darunter die Emanzipation der Provinzen, der Institutionen nach dem Muster der Vereinigten Staaten oder die Dezentralisation der Verwaltung, andere wieder dachten an die Beseitigung aller Autorität, an die nahe Eröffnung der sozialen Liquidation. Die Sozialisten aus Barcelona und Andalusien predigten die absolute Souveränität der Gemeinden und forderten, in Spanien zehntausend unabhängige autonome Gemeinden zu bilden und zugleich die Armee und die Gendarmerie aufzuheben. Bald sah man in den südlichen Provinzen den Aufstand von Stadt zu Stadt, von Dorf zu Dorf sich ausbreiten. Sobald eine Gemeinde ihr Pronunciamento erlassen, war ihre erste Sorge, den Telegraphen und die Eisenbahnen zu zerstören, um alle Verbindungen mit der Umgegend und mit Madrid aufzuheben. Keinen elenden Flecken gab es, der nicht selbständig sein wollte. Der Föderalismus hatte einem brutalen, mordbrennerischen und mörderischen Kantonalismus Platz gemacht, und überall feierte man blutige Saturnalien."

Um den Einfluss, den logische Darlegungen auf den Geist der Wähler auszuüben vermögen, zu überschätzen, müßte man niemals den Bericht über eine Wählerversammlung gelesen haben. Man tauscht hier Behauptungen, Invektiven, manchmal auch Püffe aus, aber niemals Gründe. Es herrscht nur dann einen Moment Ruhe, wenn ein bedächtigerer Teilnehmer an den Kandidaten eine jener kitzligen Fragen richtet, die die Zuhörerschaft sehr belustigt. Die Zufriedenheit der Gegner dauert aber nicht lange, denn die Stimme des Vorredners wird bald von dem Geheule seiner Gegner übertönt.

Als Typus öffentlicher Versammlungen lassen sich folgende, aus hunderten ähnlichen herausgegriffene und den Tagesblättern entnommene Berichte ansehen.

„Nachdem ein Organisator die Anwesenden ersucht hatte, einen Vorsitzenden zu wählen, brach der Sturm aus. Die Anarchisten stürzen vor, um sich des Rednerpultes im Sturm zu bemächtigen. Die Sozialisten verteidigen ihn energisch, man stößt einander, schimpft sich gegenseitig Spion, Bestochener und dergl., ein Bürger zieht sich mit einem blauen Auge zurück."

„Endlich ist das Pult mitten im Tumult schlecht und recht aufgestellt, und die Tribüne verbleibt dem Genossen X."

„Der Redner lässt eine Salve gegen die Sozialisten los, die ihn unterbrechen und schreien: ‚Trottel, Bandit, Kanaille usw.!' Genosse X. beantwortet diese Schimpfnamen durch Darlegung einer Theorie, wonach die Sozialisten ‚Idioten' oder ‚Possenreißer' sind."

„Die Allemanistische Partei hatte gestern Abend im Saale der Kaufmannschaft, in der Fauburg-du-Temple-Straße, eine große Versammlung zur Arbeiterfeier am 1. Mai einberufen. Das Losungswort lautete: Stille und Ruhe."

„Genosse G… behandelt die Sozialisten als ‚Trotteln' und ‚Schwindler'."

„Darauf kommen Redner und Zuhörer ins Schimpfen und ins Handgemenge; Stühle, Bänke, Tische treten ins Spiel usw."

Glaube man ja nicht, diese Art der Diskussion sei nur einer bestimmten Klasse von Wählern eigen und von deren sozialen Stellung abhängig. In jeder beliebigen Versammlung, bestehe sie auch nur aus akademisch Gebildeten, nimmt die Diskussion leicht dieselben Formen an. Ich habe dargetan, dass in der Masse die Menschen zur geistigen Gleichwerdung neigen, was jederzeit zu erhärten ist. Als Beispiel diene folgender Auszug aus einem Bericht über eine ausschließlich aus Studenten bestehende Versammlung:

„Je weiter der Abend vorschritt, desto heftiger wurde der Tumult. Ich glaube nicht, dass irgendein Redner zwei Phrasen ohne Unterbrechung vorbringen konnte. Jeden Augenblick ertönten Schreie von einer oder der anderen oder von allen Stellen zugleich; es wurde applaudiert, gepfiffen. Erregte Diskussionen entspannen sich zwischen verschiedenen Zuhörern, Stöcke wurden drohend geschwungen, der Boden ward im Takte geklopft, den Unterbrechern rief man zu: Hinaus! Auf die Tribüne!"

„Herr C… überschüttet die Vereinigung mit Beiwörtern, wie: hassenswert, feig, ungeheuer, gemein, käuflich, rachsüchtig und erklärt, er wolle sie vernichten usw."

Es könnte die Frage aufgeworfen werden, wie unter solchen Bedingungen sich die Meinung eines Wählers bilden kann. Aber eine solche Frage würde von einem befremdlichen Wahn betreffs der Freiheit, deren sich eine Gesamtheit erfreut, zeugen. Die Massen haben nur eingeflößte, niemals überlegte Urteile. In unserem

Fall liegen die Meinungen und Abstimmungen der Wähler in den Händen der Wahlkomitees, deren Führer oft irgendwelche Weinhändler sind, die auf die bei ihnen Kredit genießenden Arbeiter einen großen Einfluss ausüben. „Wissen Sie, was ein Wahlkomitee ist?", schreibt einer der eifrigsten Verteidiger der gegenwärtigen Demokratie, Scherer. „Ganz einfach der Schlussstein zu unseren Institutionen, das Hauptstück der politischen Maschinerie. Frankreich wird heute von den Komitees regiert."[35]

Es ist denn auch nicht allzu schwer, sie zu beeinflussen, wenn nur der Kandidat annehmbar ist und über genügende Mittel verfügt Nach den Geständnissen der Geldgeber genügten drei Millionen zur Erlangung der vielfachen Wahl Boulangers.

Dies ist die Psychologie der Wählermassen, sie ist dieselbe, wie die der anderen Massen. Weder besser noch schlechter.

---

[35] Die Komitees, mögen sie nun Klubs, Syndikate oder wie immer heißen, stellen vielleicht die ernsteste Gefahr der Massengewalt dar. Sie bedeuten in der Tat die unpersönlichste und daher drückendste Form der Tyrannei. Die Leiter der Komitees, welche im Namen einer Gesamtheit zu sprechen und zu handeln scheinen, sind aller Verantwortlichkeit enthoben und dürfen sich alles erlauben. Der grausamste Tyrann hätte niemals die von den Revolutionsausschüssen angeordneten Proskriptionen auch nur zu träumen gewagt. Sie hatten, sagt Barras, den Konvent dezimiert und regelrecht zugeschnitten. Solange er in ihrem Namen sprechen konnte, war Robespierre absoluter Herr. An dem Tage, wo der schreckliche Diktator sich von ihnen selbstsüchtig trennte, war er verloren. Herrschaft der Massen heißt Herrschaft des Komitees, d. h. der Leiter. Man kann sich keinen härteren Despotismus vorstellen.

Ich will denn auch aus dem Vorstehenden nichts gegen das allgemeine Stimmrecht ins Treffen führen. Hätte ich über dessen Schicksal zu entscheiden, so würde ich es, so wie es ist, erhalten, und zwar aus praktischen Gründen, die eben aus unserer psychologischen Untersuchung sich ergeben und die ich demgemäß darlegen werde.

Ohne Zweifel sind die Unzuträglichkeiten des allgemeinen Stimmrechts zu sehr in die Augen fallend, als dass man sie verkennen könnte. Es ist nicht zu bestreiten, dass die Zivilisationen das Werk einer kleinen Minderheit überlegener Geister waren, welche die Spitze einer Pyramide bilden, deren Stufen sich in dem Maße verbreitern, als der geistige Wert abnimmt, und welche die tiefen Schichten eines Volkes darstellen. Wahrlich, die Größe einer Kultur kann nicht von der Wahl untergeordneter Elemente, die nichts als die Anzahl repräsentieren, abhängen. Auch sind ohne Zweifel die Wahlstimmen der Massen oft sehr gefährlich. Sie haben uns bereits einige Inversionen gekostet, und mit dem Triumph des Sozialismus werden uns die Einfälle der Volkssouveränität gewiss noch viel teurer zu stehen kommen.

Aber diese in der Theorie vortrefflichen Einwände büßen für die Praxis jede Kraft ein, wenn man sich der unüberwindlichen Macht der zu Dogmen gewordenen Ideen erinnert. Das Dogma der Massensouveränität ist vom philosophischen Standpunkte ebenso wenig zu verfechten, wie die religiösen Dogmen des Mittelalters, aber es ist heute im absoluten Besitze der Macht. Daher ist es ebenso unangreifbar, als es einst unsere religiösen Ideen waren. Man denke sich einen modernen Freidenker vermöge einer magischen Gewalt mitten ins Mittelalter versetzt. Glaubt man, er würde, nachdem er die souveräne Macht der damals herrschenden religiösen Ideen erkannt hätte, ihre Bestreitung versucht haben? Hätte er, wenn er in die Hände eines Richters gefallen wäre, der ihm unter der Anschuldigung, einen Pakt mit dem Teufel geschlossen zu haben, verbrennen wollte, daran gedacht, die Existenz des Teufels und des Hexensabbats zu bestreiten? Gegenüber den Überzeugungen der Massen gibt es ebensowenig eine Diskussion wie gegenüber einem Zyklon. Das Dogma des allgemeinen Stimmrechts hat heute die Macht, die einst die Ideen des Christentum besaßen. Redner und Schriftsteller sprechen darüber mit einer Achtung und Schmeichelei, die ein Ludwig XIV. nicht erfahren hat. Hinsichtlich seiner muss man sich also so wie hinsichtlich aller religiösen Dogmen verhalten. Die Zeit allein wirkt auf sie.

Es wäre übrigens um so nutzloser, dieses Dogma erschüttern zu wollen, als es sichtliche Gründe für sich hat. „In Zeiten der Gleichheit", bemerkt Tocqueville treffend, „haben die Menschen wegen ihrer Ähnlichkeit kein Zutrauen zueinander; dieselbe Ähnlichkeit aber lässt sie dem Urteil der Allgemeinheit fast unbeschränkt vertrauen. Denn es gilt ihnen als unwahrscheinlich, dass, da alle die gleiche Einsicht besitzen, die Wahrheit nicht auf der Seite der größten Anzahl zu finden sein soll."

Darf man nun annehmen, die Abstimmungen der Massen würden durch die Beschränkung des Wahlrechts, wenn man will auf die Fähigen, eine Besserung erfahren? Ich kann daran nicht einen Augenblick glauben und zwar aus den Gründen, die in der geistigen Inferiorität aller wie immer zusammengesetzten Gesamtheiten liegen. In der Masse gleichen sich die Menschen stets einander an, und die Abstimmung von 40 Akademikern über allgemeine Fragen ist nicht besser als jene von 40 Wasserträgern. Ich bin ganz und gar überzeugt, dass keine der dem allgemeinen Wahlrecht so vorgehaltenen Abstimmungen, wie etwa die Erneuerung des Kaisertums, anders ausgefallen wären, wären die Abstimmenden ausschließlich aus dem Kreis der Gelehrten und Literaten entnommen worden. Nicht durch die Kenntnis des Griechischen oder der Mathematik, nicht weil er Architekt, Tierarzt, Arzt oder Advokat ist, erwirbt jemand besondere Einsichten betreffs der sozialen Fragen. Alle unsere Nationalökonomen sind gelehrte Leute, meist Professoren und Akademiker. Gibt es nun ein einziges allgemeines Problem, wie der Protektionismus, der Bimetallismus usw., betreffs dessen sie übereinzustimmen vermochten? Das kommt daher, dass ihre Wissenschaft nur eine sehr geminderte Form der allgemeinen Unwissenheit ist. Angesichts der sozialen Probleme, in denen so viele Unbekannte stecken, gleichen einander alle Unwissenheiten.

Wenn nun die mit Wissenschaft vollgepfropften Leute für sich allein einen Wahlkörper bildeten, so wären ihre Abstimmungen nicht besser als die von heutzutage. Sie würden sich hauptsächlich durch ihre Gefühle und ihren Korpsgeist leiten lassen. Wir hätten um keine

Schwierigkeit weniger und nur noch sicherlich die harte Tyrannei der Kaste dazu.

Beschränkt oder allgemein, in einem republikanischen oder monarchischen Staat, in Frankreich, Belgien, Griechenland, Portugal oder Spanien herrschend, ist die Abstimmung der Massen überall ähnlich, und oft bringt sie die unbewussten Ansprüche und Bedürfnisse der Rasse zum Ausdruck. Der Durchschnitt der Gewählten in jedem Land stellt die Durchschnittsseele der Rasse dar, die von einer Generation zur andern so ziemlich die Gleiche bleibt.

Und so kommen wir noch einmal auf den von uns so oft vorgefundenen Grundbegriff der Rasse zurück, sowie auf jenen anderen aus dem ersteren sich herleitenden Gedanken, dass im Völkerleben die Institutionen und Regierungen nur eine unwesentliche Rolle spielen. Die Völker werden der Hauptsache nach durch ihre Rassenseele, d. h. durch die Residuen der Vorfahren, deren Summe diese Seele bildet, geleitet. Die Rasse und das Getriebe der täglichen Bedürfnisse: das sind die geheimnisvollen Herren, die unsere Geschicke lenken.

5. Kapitel

Die Parlamentsversammlungen

Die Parlamentsversammlungen gehören zu den heterogenen nicht anonymen Massen. Trotz ihrer nach Zeit und Nation wechselnden Zusammensetzung gleichen sie einander sehr hinsichtlich ihrer Merkmale. Der Rasseneinfluss macht sich hier wohl in der Milderung oder Übertreibung, nicht aber in der Verhinderung der Merkmalsäußerungen geltend. Die Parlamentsversammlungen der verschiedensten Länder, wie Griechenland, Italien, Portugal, Spanien, Frankreich und Amerika, weisen große Analogien in ihren Verhandlungen und Abstimmungen auf und stellen die Regierungen vor dieselben Schwierigkeiten.

Das parlamentarische Regime stellt übrigens das Ideal aller modernen Kulturvölker dar. Es bringt den psychologisch falschen, aber allgemeingültigen Gedanken zum Ausdruck, dass viele vereinigte Menschen viel mehr als eine kleine Menge einer klugen und unabhängigen Entscheidung betreffs irgend einer Materie fähig sind.

In den Parlamentsversammlungen finden sich die Grundmerkmale aller Massen wieder: der Simplismus der Ideen, die Erregbarkeit, die Suggestibilität, die Überschwänglichkeit der Gefühle, der überwiegende Einfluss der Führer. Infolge ihrer besonderen Zusammensetzung aber weisen die parlamentarischen Massen einige Unterschiede auf, die wir weiter unten darlegen werden.

Der Simplismus der Anschauungen gehört zu den bedeutsamsten Merkmalen dieser Versammlungen. Bei allen Parteien, namentlich bei den lateinischen Völkern, besteht eine unabänderliche Tendenz zur Lösung der kompliziertesten sozialen Probleme mittels der einfachsten abstrakten Prinzipien und mittels allgemeiner, auf jeden Fall anwendbarer Gesetze.

Natürlich sind die Prinzipien bei jeder Partei verschieden, aber durch ihre bloße Vereinigung zu Massen haben die Individuen stets die Tendenz, den Wert dieser Prinzipien zu überschätzen und die äußersten Folgerungen aus ihnen zu ziehen. Demgemäß repräsentieren die Parlamente vorzüglich die extremen Ansichten.

Den vollkommensten Typus des Simplismus der Versammlungen haben die Jakobiner der großen Revolution verwirklicht. Insgesamt Dogmatiker und Logiker, den Kopf voll vager Allgemeinheiten, waren sie bemüht, unbekümmert um die Tatsachen feste Grundsätze anzuwenden; es konnte mit Recht gesagt werden, sie hätten die Revolution durchquert, ohne sie zu sehen. Mit ihren überaus einfachen Leitdogmen glaubten sie eine Gesellschaft von Grund aus neu organisieren und eine raffinierte Zivilisation zu einer früheren Phase der Gesellschaftsentwicklung zurückbringen zu können. Den gleichen absoluten Simplismus lassen auch die Mittel, deren sie sich zur Verwirklichung ihres Traumes bedienten, erkennen. In Wirklichkeit beschränkten sie sich auf die gewaltsame Zerstörung dessen, was sie störte. Übrigens beseelte alle:

Girondisten, Bergpartei, Thermidorianer usw., derselbe Geist.

Die parlamentarischen Massen sind Suggestionen sehr zugänglich, und die Suggestion geht hier wie bei den übrigen Massen von prestigebegabten Führern aus. Aber in den Parlamentsversammlungen hat die Suggestibilität sehr scharfe Grenzen, die zu verzeichnen von Wichtigkeit ist.

Betreffs aller Fragen von lokalem oder regionalem Interesse hat jedes Mitglied einer Versammlung feste unverrückbare Ansichten, die durch kein Argument zu erschüttern sind. Nicht einmal das Talent eines Demosthenes vermöchte die Abstimmung eines Abgeordneten über Fragen wie der Protektionismus oder das Privileg der Branntweinbrenner, welches Forderungen einflussreicher Wähler darstellt, zu ändern. Die vorangehende Suggestion seitens dieser Wähler ist stark genug, um alle anderen Suggestionen aufzuheben und eine absolute Festigkeit der Ansicht aufrechtzuerhalten.[36]

Über allgemeine Fragen aber, wie Sturz eines Ministeriums, Auflage einer Steuer usw. besteht keinerlei Meinungsfestigkeit, und hier können die Suggestionen der Führer zur Geltung kommen, aber nicht ganz so wie bei einer gewöhnlichen Masse. Jede Partei hat ihre Füh-

---

[36] Eben auf diese im Vorhinein durch Wählerbedürfnisse gefestigten und unverrückbaren Ansichten bezieht sich sicherlich folgende Bemerkung eines alten englischen Parlamentariers: „In den 50 Jahren meiner Anwesenheit in Westminster habe ich tausend Reden angehört, und nur wenige haben meine Ansicht verändert; aber nicht eine einzige hat auf meine Abstimmung Einfluss gehabt."

rer, die oft gleichen Einfluss besitzen. Die Folge davon ist, dass der Abgeordnete sich zwischen gegensätzlichen Suggestionen befindet und unvermeidlich sehr zögernd wird. Daher sieht man ihn oft nach Verlauf einer Viertelstunde in entgegengesetzter Weise abstimmen und einem Gesetz einen es zunichte machenden Zusatz hinzufügen, z. B. den Industriellen das Recht der Auswahl und Entlassung ihrer Arbeiter nehmen und dann diese Maßnahme durch ein Amendement so ziemlich annullieren.

Aus diesem Grunde hat eine Kammer in jeder Legislaturperiode neben sehr festen auch sehr unbestimmte Anschauungen. Da im Grunde die allgemeinen Fragen am zahlreichsten sind, so herrscht die Unentschiedenheit vor, durch die ständige Furcht vor dem Wähler genährt, dessen latente Suggestion stets dem Einfluss der Führer das Gegengewicht zu halten geeignet ist.

Und doch sind zuletzt die Führer die eigentlichen Herren in den zahlreichen Versammlungen, wo die Versammlungsmitglieder keine entschiedenen Ansichten im Vorhinein besitzen.

Die Notwendigkeit dieser Führer liegt auf der Hand, denn man findet sie unter dem Namen von Parteihäuptern in den Versammlungen aller Länder. Sie sind die wahren Gebieter der Versammlung. Ohne einen Herren könnten die zu Massen vereinigten Menschen nicht sein. Und so repräsentieren die Stimmen einer Versammlung im allgemeinen nur die Anschauungen einer kleinen Minderheit.

Die Führer wirken sehr wenig durch ihre Ausführungen, viel aber durch ihr Prestige. Den besten Beweis dafür liefert der Umstand, dass sie nach Verlust dieses Prestiges keinen Einfluss mehr haben.

Dieses Führerprestige ist individuell und hat nichts mit Namen und Berühmtheit zu tun. Jules Simon gibt uns, wo er über die großen Männer der Versammlung von 1848 spricht, recht interessante Beispiele dafür.

„Louis Napoléon war noch zwei Monate vor seiner Allgewalt nichts."

„Victor Hugo bestieg die Rednerbühne - ohne Erfolg. Er wurde, wie Felix Pyat, angehört, aber er hatte nicht den gleichen Beifall. ,Ich bin', sagte mir Vaulabelle betreffs Felix Pyat, ,kein Freund seiner Ideen, aber er ist ein großer Schriftsteller und der größte Redner Frankreichs.' Edgard Quinet, dieser seltene und mächtige Geist, galt nichts. Vor der Versammlung hatte er seinen Moment der Popularität gehabt, in der Versammlung hatte er keinen."

„Die politischen Versammlungen sind jene Stätte, wo der Glanz des Genies am wenigsten zur Geltung kommt. Man schätzt hier nur eine der Zeit und dem Ort angemessene Beredsamkeit und die nicht dem Vaterland, sondern der Partei erwiesenen Dienste. Damit Lamartine im Jahre 1848 und Thiers 1871 zur Anerkennung kamen, bedurfte es des Antriebes des dringenden, unabweislichen Interesses. Als die Gefahr vorüber war, war man mit der Furcht auch die Dankbarkeit los."

Ich habe die Stelle wegen der Tatsachen, die sie enthält, nicht wegen der dort gelieferten Erklärungen angeführt; diese sind von einer mittelmäßigen Psychologie. Eine Masse würde ihren Massencharakter sogleich einbüßen, würde sie den Führern ihre Dienste, mögen diese nun dem Vaterland oder der Partei erwiesen worden sein, anrechnen. Die dem Führer folgende Masse unterliegt dessen Prestige, ohne dass ein Gefühl des Interesses oder der Dankbarkeit ins Spiel kommt.

Der mit einem hinlänglichen Prestige begabte Führer besitzt denn auch eine fast unbeschränkte Gewalt. Bekannt ist der riesige Einfluss, den, dank seinem Prestige, ein berühmter Abgeordneter jahrelang besaß, der im Gefolge gewisser finanzieller Vorkommnisse bei den letzten Wahlen unterlegen ist. Auf ein bloßes Zeichen von ihm waren die Minister gestürzt. Ein Schriftsteller hat die Tragweite seines Wirkens wie folgt klar gezeichnet:

„Herrn X… besonders verdanken wir es, dass wir Tonking dreimal so teuer erkauft haben, als es hätte kosten dürfen, dass wir auf Madagaskar nur eine unsichere Position erlangt haben, dass wir um ein ganzes Reich am unteren Niger gekommen sind, dass wir in Ägypten unsere ehemalige Vorherrschaft eingebüßt haben. - Die Theorien des Herrn X … haben uns mehr Territorium gekostet als die Niederlagen Napoléons I."

Wir dürfen dem betreffenden Führer nicht zu böse sein. Gewiss ist er uns teuer zu stehen gekommen, aber ein großer Teil seines Einflusses hing mit seiner Anschmiegung an die öffentliche Meinung zusammen, die in kolonialen Fragen keineswegs die von heute war. Selten schreitet ein Führer der öffentlichen Meinung voran, fast immer begnügt er sich damit, ihr zu folgen und alle ihre Irrtümer zu teilen.

Die Überredungsmittel der Führer sind, abgesehen vom Prestige, die von uns schon wiederholt aufgezählten Faktoren. Zu deren geschickten Handhabung muss der Führer, wenigstens unbewusst, die Psychologie der Massen erfasst haben und wissen, wie man zu ihnen zu sprechen hat. Vor allem muss er den faszinierenden Einfluss der Wörter, Formeln und Bilder kennen. Er muss eine besondere Beredsamkeit besitzen, zusammengesetzt aus energischen, beweislosen Behauptungen und eindrucksvollen, von ganz summarischen Reflexionen umrahmten Bildern. Es ist das eine Art der Beredsamkeit, die sich in allen Versammlungen, inbegriffen das englische Parlament, das reifste von allen, findet.

„Wir können", bemerkt der englische Philosoph Maine, „beständig Verhandlungen im Hause der Gemeinen lesen, in denen alle Diskussion im Austausch recht schwacher Gemeinplätze und recht grober Anzüglichkeiten besteht. Auf die Phantasie einer reinen Demokratie übt diese Art allgemeiner Formeln eine wunderbare Wirkung aus. Stets wird sie die Tendenz haben, dass eine Masse allgemeinen Sätzen, die mit eindrucksvollen Worten vorgebracht werden, zustimmt, wiewohl sie niemals bewahrheitet und vielleicht auch einer Verifikation gar nicht fähig sind."

Die Bedeutung der „packenden Ausdrücke", wie sie in dem obigen Zitat zutage tritt, kann nicht überschätzt werden. Schon öfter haben wir die besondere Macht der Wörter und Formeln betont. Sie müssen so gewählt werden, dass sie sehr lebhafte Bilder hervorrufen. Die einer Rede eines unserer Versammlungsleiter entnommene folgende Phrase gibt uns eine schöne Probe davon!

„An dem Tage, da dasselbe Schiff den unlauteren Politiker und den mörderischen Anarchisten nach den Fieberländern der Verbannung bringen wird, werden sie miteinander sich besprechen können und werden einander gegenseitig als die beiden komplementären Seiten derselben Gesellschaftsordnung erscheinen."

Das dadurch hervorgerufene Bild ist recht anschaulich, und alle Gegner des Redners fühlen sich durch dasselbe bedroht. Sie sehen mit einem Male die Fieberländer, das Fahrzeug, das sie hinführen kann; denn gehören sie nicht vielleicht zur wenig abgegrenzten Klasse der bedrohten Politiker? Sie empfinden demnach die gleiche dumpfe Angst, welche die Konventmitglieder haben empfinden müssen, welche durch die vagen Reden Robespierres mehr oder weniger mit der Guillotine bedroht wurden und die ihm unter dem Druck dieser Furcht stets nachgaben.

Die Führer haben alle ein Interesse, in die unwahrscheinlichsten Übertreibungen zu verfallen. Der Redner, von dem ich soeben eine Phrase zitierte, konnte ohne großen Protest behaupten, die Bankiers und die Priester hätten Bombenwerfer in ihrem Solde, und die Verwaltungsräte der großen Finanzgesellschaften verdienten dieselbe Strafe wie die Anarchisten. Auf die Massen wirken solche Sätze immer. Nie ist die Behauptung zu gewaltig, die Deklamation zu drohend. Nichts schüchtert die Zuhörer mehr ein als diese Beredsamkeit. Sie fürchten, durch ihren Widerspruch für Verräter oder Mitschuldige zu gelten.

Diese eigene Beredsamkeit hat, wie gesagt, stets alle Versammlungen beherrscht; in kritischen Zeiten ist sie nur noch prononcierter. In dieser Beziehung ist die Lektüre der Ansprachen der großen Redner, welche die Revolutionsversammlungen zusammensetzten, sehr interessant. Jeden Augenblick glaubten sie, innehalten zu müssen, um das Verbrechen zu verdammen und die Tugend auf den Schild zu heben; dann brachen sie in Verwünschungen gegen die Tyrannen aus und schworen, als Freie zu leben oder zu sterben. Die Zuhörerschaft erhob sich, applaudierte frenetisch und ließ sich dann wieder nieder.

Zuweilen kann der Führer intelligent und gebildet sein, aber das schadet ihm in der Regel mehr als es ihm nützt. Die Intelligenz, welche die Kompliziertheit der Dinge zeigt und ein Erklären und Begreifen gestattet, macht stets nachgiebig und vermindert erheblich die Kraft und Gewalt der den Aposteln nötigen Überzeugungen. Die großen Führer aller Zeiten, besonders die der Revolution, waren kläglich beschränkt; und gerade die beschränktesten haben den größten Einfluss ausgeübt.

Die Reden des Berühmtesten unter ihnen, Robespierres, verblüffen oft durch ihre Zusammenhangslosigkeit. Bei der bloßen Lektüre derselben findet man keine plausible Erklärung für die ungeheure Rolle des mächtigen Diktators:

„Gemeinplatze und Wortschwalle pädagogischer Beredsamkeit und lateinischer Bildung im Dienste eines mehr kindischen als platten Geistes, der sich im Angriff und in der Abwehr auf das ‚komm' nur her' der Schüler zu beschranken scheint. Nicht ein Gedanke, keine Wendung, kein Zug - die Langweile im Sturm. Nach dieser trübsinnigen Lektüre hat man Lust, mit dem liebenswürdigen Camille Desmoulins ein ‚Ach!' zu seufzen."

Man erschrickt zuweilen, denkt man an die Macht, welche ein mit Prestige begabter Mann durch die Vereinigung einer starken Überzeugung mit einer besonderen Geistesbeschränktheit erlangt. Es bedarf aber dieser Bedingungen, um die Widerstände zu übersehen und um wollen zu können. Instinktiv erkennen die Massen in diesen kraftvollen Überzeugten den von ihnen allezeit benötigten Gebieter.

Der Erfolg einer Rede in einer Parlamentsversammlung hängt fast ausschließlich vom Prestige des Redners, ganz und gar nicht aber von den Gründen, die er vorbringt, ab. Beweis dafür ist der Verlust seines Einflusses, d. h. der Macht der beliebigen Stimmenleitung, zugleich mit dem Verlust des Prestiges des Redners.

Ein unbekannter Redner, dessen Rede gute Argumente, aber auch nicht mehr enthält, hat keinerlei Aussicht, auch nur angehört zu werden. Ein alter Abgeordneter, Herr Deseube, hat kürzlich das Bild des prestigelosen Deputierten wie folgt entworfen:

„Sobald er die Rednerbühne bestiegen, entnimmt er seiner Aktentasche einen Aktenstoß, den er planmäßig vor sich ausbreitet, und dann beginnt er voll Zuversicht."

„Er glaubt, er werde die Überzeugung, von der er beseelt wird, in die Seele der Hörer verpflanzen. Er hat seine Argumente erwogen und wieder erwogen, ist von Ziffern und Beweisen erfüllt, ist sicher, Recht zu haben. Vor der Evidenz seiner Darlegungen wird aller Widerstand schwinden. Er beginnt, auf sein gutes Recht und auf die Aufmerksamkeit seiner Kollegen vertrauend, die ja gewiss sich nur vor der Wahrheit beugen wollen."

„Er spricht - und sogleich verwundert ihn die Bewegung im Saale, er ist durch den entstandenen Lärm etwas erregt."

„Warum wird es nicht ruhig? Weshalb diese allgemeine Unaufmerksamkeit? Woran denken denn diejenigen, die miteinander sprechen? Welches dringende Motiv veranlasst jenen andern, seinen Platz zu verlassen?"

„Unruhe befällt ihn; er runzelt die Stirn, hält ein. Durch den Vorsitzenden ermutigt, fährt er mit erhobener Stimme fort. Dieselbe Unachtsamkeit. Er spricht lauter, agitiert - der Lärm um ihn steigert sich nur. Er versteht sich selbst nicht mehr, hält wieder ein und spricht dann weiter, aus Furcht, sein Stillschweigen könne den Schluss-Ruf herbeiführen. Der Lärm wird unerträglich."

Sobald die Parlamentsversammlungen in einen gewissen Grad der Erregung verfallen sind, gleichen sie völlig den gewöhnlichen heterogenen Massen, und ihre Gefühle weisen demnach die Besonderheit auf, stets extremer Art zu sein. Sie werden dann zu den größten Heldentaten oder zu den ärgsten Ausschreitungen fähig sein. Das Individuum ist hier nicht mehr es selbst, und zwar so wenig, dass es für die seinen Eigeninteressen entgegengesetztesten Maßnahmen stimmen wird.

Die Geschichte der Revolution zeigt uns, in welchem Maß die Versammlungen unbewusst werden und den ihren Interessen entgegengesetzten Suggestionen gehorchen können. Für den Adel war es ein riesiges Opfer, auf seine Privilegien zu verzichten, und doch tat er es in einer berühmten Nacht der Constituante. Für die Konventsmitglieder bedeutete der Verzicht auf ihre Unverletzlichkeit eine ständige Todesandrohung, und doch leisteten sie ihn und fürchteten nicht, einander wechselseitig zu dezimieren, obzwar sie genau wussten, das Schafott, auf das sie ihre Kollegen heute schickten, sei ihnen selbst für morgen vorbehalten. Aber sie waren bei jenem Grade des Automatismus angelangt, den ich geschildert habe, und keine Bedenken konnte sie hindern, den sie hypnotisierenden Suggestionen zu gehorchen. Folgende Stelle aus den Memoiren eines von ihnen, Billaud-Varennes, ist in dieser Hinsicht durchaus typisch: „Die uns so vorgeworfenen Entscheidungen wollten wir zwei Tage, einen Tag vorher meist selbst nicht, nur die Krise gab sie ein." Nichts ist zutreffender.

Dieselben Phänomene des Unbewussten treten während aller stürmischen Sitzungen des Konvents auf.

„Sie billigen und beschließen," sagt Taine, „wovor sie Abscheu haben, nicht bloß Dummheiten und Narrheiten, sondern Verbrechen, Mord Unschuldiger, Freundesmord. Die mit der Rechten verbundene Linke schickt einmütig und unter dem größten Beifall ihr natürliches Haupt, Danton, den großen Förderer und Leiter der Revolution, aufs Schafott. In ebensolcher Weise stimmt, mit der Linken einig, die Rechte für die schlimmsten Beschlüsse der revolutionären Regierung. Einmütig, unter Ausrufen der Bewunderung und des Enthusiasmus und lebhaften Sympathiebezeugungen für Collot d'Herbois, Couthon, Robespierre, hält mittelst spontaner, vielfacher Wiederwahl der Konvent die mörderische Regierung, welche die Talpartei wegen ihrer Mordtaten hasst und die Bergpartei verabscheut, weil sie durch jene dezimiert wird. Tal und Berg, Majorität und Minorität sind schließlich gewillt, ihren eigenen Selbstmord zu fördern. Am 22. Prairial hat der ganze Konvent den Hals hingestreckt, am 8. Thermidor, während der ersten Viertelstunden nach der Rede Robespierres, wieder."

Das Bild kann zwar düster erscheinen, ist aber treu. Die Parlamentsversammlungen weisen dieselben Kennzeichen auf. Sie werden zu einer allen Impulsen gehorchenden wandelbaren Herde. Folgende Schilderung der Versammlung von 1848 aus der Feder eines Parlamentariers von unzweifelhafter demokratischer Gesinnung, des Herrn Spuller, ist recht typisch; ich entnehme sie der „Revue littéraire". Es finden sich daselbst alle die übertriebenen Gefühle der Massen, die ich beschrieben habe, sowie jene außerordentliche Wandelbarkeit, die es ermöglicht, in jedem Augenblick die Leiter der entgegengesetzten Gefühle zu durchfliegen.

„Zwietracht, Eifersucht, Verdacht und dann wieder blindes Vertrauen und schrankenlose Hoffnungen haben die republikanische Partei vernichtet. Ihre Naivität und Einfalt kam nur ihrem universellen Misstrauen gleich. Kein Sinn für Gesetzlichkeit, kein Geist der Disziplin, Besorgnisse und Illusionen ohne Maß: Bauern und Kinder gleichen sich in dieser Hinsicht. Ihre Ruhe wetteifert mit ihrer Ungeduld. Ihre Wildheit kommt ihrer Gelehrigkeit gleich. Ein Temperament, das nicht reif ist, und ein Mangel an Erziehung. Nichts setzt sie in Erstaunen, alles verwirrt sie. Zitternd, furchtsam, unverzagt, heroisch zugleich werden sie sich in die Flammen stürzen und vor einem Schatten zurückweichen."

„Die Wirkungen und Beziehungen der Dinge sind ihnen unbekannt. Ebenso schnell entmutigt wie erregt, allen Paniken unterworfen, stets zu hoch oder zu niedrig, niemals mit dem nötigen Grad und Maß. Beweglicher als das Wasser, reflektieren sie alle Farben und nehmen sie alle Formen an. Welche Basis für die Regierung kann man bei ihnen erhoffen?"

Zum Glück äußern sich die von uns geschilderten Eigenschaften keineswegs ständig. Die Parlamentsversammlungen sind nur in bestimmten Momenten Massen. In vielen Fällen bewahren die ihnen angehörenden Individuen ihre Individualität. Daher kann denn auch eine Versammlung vorzügliche sachgemäße Gesetze ausarbeiten. Allerdings haben dieselben einen Fachmann zum Urheber, der sie im stillen Arbeitszimmer vorbereitet hat, und das abgestimmte Gesetz ist in Wahrheit das Werk eines Individuums, nicht einer Versammlung. Natürlich sind das die besten Gesetze. Unheilvoll werden sie nur, wenn sie durch eine Reihe von Amendements kollektiv werden. Das Werk einer Masse ist stets und überall geringwertiger als das eines isolierten Individuums. Es sind die Fachmänner; die die Versammlungen vor allzu sinnlosen, unerfahrenen Maßnahmen bewahren. Der Fachmann ist dann momentan ein Führer; die Versammlung wirkt nicht auf ihn, sondern er auf sie.

Trotz aller Schwierigkeiten ihrer Funktion stellen die Parlamentsversammlungen noch das Beste dar, was die Völker zu ihrer Regierung und namentlich zur möglichsten Befreiung vom Joch persönlicher Tyrannei herausgefunden haben. Sie sind sicher das Ideal einer Regierung, wenigstens für Philosophen, Denker, Schriftsteller, Künstler und Gelehrte, kurz für alles, was den Gipfel der Kultur darstellt.

Übrigens bringen sie nur zwei ernstliche Gefahren mit sich: erstens die Verschwendung der Finanzen, zweitens die progressive Beschränkung der individuellen Freiheit.

Die erste Gefahr ist die notwendige Folge der kurzsichtigen Ansprüche der Wählermassen. Wenn ein Parlamentsmitglied eine Maßnahme in Vorschlag bringt, die demokratischen Ideen sichtlich entspricht, wie eine allgemeine Arbeiterpension, die Erhöhung des Gehaltes der Bahnwärter, Lehrer usw., so werden die anderen, durch die Furcht vor den Wählern suggestionierten Abgeordneten sich nicht den Anschein geben wollen, als ob sie die Interessen jener durch Ablehnung der proponierten Maßnahme missachteten, obwohl sie wissen, dass sie das Budget stark beschweren und die Auflegung neuer Steuern herbeiführen wird. Sie können nicht zaudern, dafür zu stimmen. Während die Folgen der Ausgabenvermehrung in der Ferne liegen und für sie keine unangenehmen Wirkungen haben, könnten die Folgen einer negativen Abstimmung schon an dem nächsten Tage, wo sie sich dem Wähler vorstellen müssen, klar ersichtlich werden.

Außer dieser ersten Ursache der Überspannung der Ausgaben besteht noch eine andere, nicht weniger gebieterische: die Verpflichtung, alle Ausgaben von rein lokalem Interesse zu bewilligen. Ein Abgeordneter kann sich ihnen nicht widersetzen, weil sie ebenfalls Forderungen der Wähler darstellen und weil jeder Abgeordnete das für seinen Wahlbezirk Benötigte nur dann erlangen kann, wenn er den entsprechenden Forderungen seiner Kollegen willfahrt.[37]

Die zweite der oben erwähnten Gefahren, die notwendige Einschränkung der Freiheit durch die Parlamentsversammlungen, ist zwar weniger sichtbar, aber doch sehr real. Sie ist eine Folge der zahllosen, stets be-

---

[37] Die Zeitschrift „L'Economiste" gab in ihrer Nummer vom 6. April 1895 eine interessante Überschau über die Jahreskosten dieser Ausgaben von reinem Wählerinteresse, besonders der für Eisenbahnen. Zur Verbindung von Langayes (Stadt mit 3000 Einwohnern), das auf einem Berge liegt, mit Puy, Bewilligung einer Bahn, die 15 Millionen kosten wird. Zur Verbindung von Beaumont (3500 Einwohner) mit Castel-Sarrazin 7 Millionen. Zur Verbindung von Oust (523 Einwohner) mit dem Dorfe Seix (1200 Einwohner) 7 Millionen. Verbindung von Prades mit dem Marktflecken Olette (747 Einwohner) 6 Millionen usw. Für das Jahr 1895 allein sind 90 Millionen Eisenbahnschienen, für die kein allgemeines Interesse besteht, bewilligt worden. Ebenso bedeutend sind die anderen Ausgaben, die ebenso Wählerbedürfnissen entspringen. Das Gesetz betreffs der Arbeiterpensionen wird dem Finanzminister zufolge bald ein Jahresminimum von 165 Millionen, nach Leroy-Beaulieu von 800 Millionen kosten. Es liegt auf der Hand, dass die stetige Zunahme solcher Ausgaben notwendig zum Bankrott führt. Viele Staaten Europas: Portugal, Griechenland, Spanien, die Türkei sind bei ihm angelangt, andere werden es bald sein. (Fortsetzung nächste Seite).

schränkenden Gesetze, deren Konsequenzen die kurz-sichtigen Parlamente nicht bemerken und für die sie stimmen zu müssen glauben.

Diese Gefahr muss wohl unvermeidlich sein, denn selbst England, gewiss der vollkommenste Typus des parlamentarischen Regime, wo der Abgeordnete am un-abhängigsten vom Wähler ist, vermochte nicht, ihr zu entgehen. Herbert Spencer hatte in einer alten Arbeit dargetan, die Zunahme der scheinbaren müsse von der Abnahme der wirklichen Freiheit begleitet sein. In seiner neuen Schrift „Man versus State" nimmt er diese These wieder auf und sagt über das englische Parlament fol-gendes:

„Die Gesetzgebung hat seit dieser Zeit den von mir angegebenen Lauf genommen. Sich rasch vervielfachen-de diktatorische Maßnahmen haben stetig gestrebt, die individuelle Freiheit zu beschränken, und zwar auf zwei-fache Weise: Gesetzliche Regelungen sind, mit jedem Jahr mehr, aufgetreten, die dem Bürger dort, wo früher sein Handeln völlig frei war, eine Beschränkung auferle-gen und ihn zur Ausübung von Handlungen zwingen,

---

Aber man braucht sich nicht zu viel darum zu kümmern, da das Pu-blikum ohne viel Widerspruch allmählich Reduktionen von 4/5 der Kuponzahlungen seitens verschiedener Länder angenommen hat. Diese sinnreichen Bankrotte gestatten also die schnelle Wiederher-stellung der geschädigten Budgets. Die Kriege, der Sozialismus, die wirtschaftlichen Kämpfe bereiten uns übrigens noch viele andere Katastrophen, und man muss sich in unserer Epoche allgemeinen Zerfalls damit begnügen, dahin zu leben, ohne zu sehr an das nicht in unserer Gewalt liegende Morgen zu denken.

die er früher beliebig begehen oder unterlassen konnte. Zugleich haben immer drückender werdende, besonders lokale Abgaben seine Freiheit im Vorhinein beschränkt, indem sie den von ihm nach Gefallen auszugebenden Teil seiner Einkünfte beschnitten und den Teil vermehrten, der ihm genommen wird, um nach dem Willen der öffentlichen Gewalten verausgabt zu werden."

Diese progressive Freiheitsbeschränkung bekundet sich in allen Ländern in einer besonderen, von Spencer nicht angegebenen Weise: Die Schaffung jener unzähligen Reihen gesetzlicher Maßnahmen allgemein beschränkender Art führt notwendig zur Vermehrung der Menge, der Macht und des Einflusses der mit deren Anwendung betrauten Funktionäre. Sie haben so die wachsende Tendenz, die wahren Gebieter der Kulturländer zu werden. Ihre Macht ist umso größer, als in dem unaufhörlichen Machtwechsel bloß die administrative Kaste ihm entgeht, da sie die einzige ist, die unverantwortlich, unpersönlich und perpetuell ist. Nun gibt es keinen Despotismus, der härter ist als jener, der in dieser dreifachen Gestalt auftritt.

Diese fortwährende Schaffung von Gesetzen und Beschränkungsmaßnahmen, die mit den byzantinischen Formalitäten die unbedeutendsten Lebensakte umgeben, hat zur notwendigen Folge die zunehmende Einengung der Sphäre, in der sich die Bürger frei bewegen können. Ein Opfer der Illusion, die Freiheit und die Gleichheit würden durch Vermehrung der Gesetze besser gesichert, werden die Völker immer mehr dadurch gehemmt.

Sie nehmen diese Hemmungen nicht ungestraft auf sich. Gewohnt, jede Art von Joch zu ertragen, suchen sie ein solches bald auf und büßen zuletzt alle Spontaneität und Energie ein. Sie sind dann nur wesenlose Schatten, passive Automaten, willen-, widerstands- und kraftlos.

Die Kräfte, die der Mensch in sich selber nicht mehr findet, muss er dann außerhalb seiner suchen. Mit der wachsenden Indifferenz und Ohnmacht der Bürger muss die Bedeutung der Regierungen noch mehr wachsen. Sie müssen nun den Unternehmungsgeist und die Initiative besitzen, den die Spießbürger nicht mehr haben. Sie haben alles zu unternehmen, zu leiten, zu schützen. Der Staat wird zum allmächtigen Gott. Die Erfahrung lehrt aber, dass die Macht solcher Götter niemals sehr dauerhaft und niemals sehr stark war.

Diese progressive Freiheitsbeschränkung bei gewissen Völkern bei äußerlicher Ungebundenheit, die ihnen die Illusion der Freiheit gewährt, scheint eine Folge ihres Alters und auch des Regimes zu sein. Sie stellt eines der Vorzeichen jener Phase der Entartung dar, der bisher noch keine Kultur hat entgehen können.

Darf man nach den Lehren der Vergangenheit und nach den allerseits sich zeigenden Symptomen urteilen, so sind mehrere von unseren modernen Kulturen bei dieser, der Dekadenz vorangehenden Phase des höchsten Greisenalters angelangt. Identische Phasen scheinen für alle Völker eine Notwendigkeit zu bedeuten, da sie in der Geschichte so oft auftreten.

Es ist leicht, diese Phasen allgemeiner Kulturentwicklung summarisch zu kennzeichnen, und so schließt unsere Arbeit mit ihrer Zusammenfassung.

Betrachten wir in großen Zügen das Werden der Größe und des Verfalls der Kulturen der Vergangenheit, so sehen wir folgendes:

Im Aufgang dieser Kulturen eine Menschengruppe von verschiedener Abstammung, durch Wanderungen, Einfälle und Eroberungen zufällig vereinigt. Verschiedenen Blutes, verschiedener Sprache und Anschauungen haben diese Menschen kein Vereinigungsband als das halb anerkannte Gesetz eines Häuptlings. In diesen bunten Haufen finden sich die psychologischen Merkmale der Massen im höchsten Maße. Sie weisen deren momentanen Zusammenhang, die Heldentaten, die Schwächen, die Impulse und Gewalttätigkeiten auf. Nichts ist bei ihnen stabil. Es sind Barbaren.

Die Zeit tut ihr Werk. Die Gleichheit des Milieus, die wiederholten Kreuzungen, das Bedürfnis eines Gemeinschaftslebens üben ihren Einfluss aus. Der Haufen verschiedener Elemente beginnt zu verschmelzen und eine Rasse, d. h. ein Aggregat mit gemeinsamen Eigenschaften und Gefühlen, die durch Vererbung sich immer mehr befestigen, zu bilden. Die Masse ist ein Volk geworden, und dieses Volk kann die Barbarei verlassen.

Gänzlich wird dies aber erst dann geschehen, wenn es nach langen Anstrengungen, unaufhörlich wiederholten Kämpfen und unzähligen Ansätzen ein Ideal erworben hat. Welcher Art es auch sei, ob der Kultus Roms, die Macht Athens oder der Triumph Allahs, es wird imstande sein, allen Mitgliedern der sich bildenden Rasse eine vollkommene Einheit des Fühlens und Denkens zu verleihen.

Nun kann eine neue Kultur mit ihren Institutionen, Überzeugungen und Künsten erstehen. Von ihrem Traum fortgerissen, wird die Rasse nach und nach alles gewinnen, was Glanz, Kraft, Größe verleiht. Manchmal wird sie zweifellos Masse sein, aber hinter den wandelbaren und wechselnden Masseneigenschaften wird sich das feste Substrat, die Rassenseele finden, welche die Schwingungsweite eines Volkes eng begrenzt und den Zufall regelt.

Nach Vollzug ihrer schöpferischen Wirkung aber beginnt die Zeit jenes Zerstörungswerk, dem weder Götter noch Menschen entgehen. Ist die Kultur auf ein gewisses Niveau der Macht und Kompliziertheit angelangt, hört sie zu wachsen auf und ist dann gleich zum baldigen Niedergang verurteilt. Die Stunde des Alters wird ihr schlagen.

Diese unentrinnbare Stunde ist stets durch die Schwächung des Ideals gekennzeichnet, welches die Rassenseele erhob. In dem Maße, da dieses Ideal verbleicht, beginnen alle religiösen, politischen und sozialen Gebilde, die durch sie inspiriert wurden, zu wanken.

Mit dem fortschreitenden Schwinden ihres Ideals verliert die Rasse immer, mehr das, was ihren Zusammenhalt, ihre Einheit und Stärke bildete. Das Individuum kann an Persönlichkeit und Intelligenz wachsen, zugleich tritt aber an die Stelle des Kollektivegoismus der Rasse eine extreme Entfaltung des Individualegoismus, die von einer Schwächung des Charakters und einer Verringerung der Tatkraft begleitet ist. Was erst ein Volk, eine Einheit, einen Block bildete, wird zuletzt ein Haufen zusammenhangsloser Individuen, die nur noch künstlich durch die Traditionen und Institutionen zusammengehalten werden. Und dann tritt der Fall ein, dass die durch ihre Interessen und Ansprüche getrennten Menschen, die sich nicht mehr zu regieren vermögen, in den unbedeutendsten Handlungen regiert zu werden verlangen und dass der Staat seinen alles absorbierenden Einfluss ausübt.

Mit dem endgültigen Verlust des früheren Ideals verliert zuletzt die Rasse gänzlich ihre Seele, sie ist dann nur noch eine Menge isolierter Individuen und wird wieder zu dem, was sie an ihrem Ausgangspunkt war: zu einer Masse. Sie hat jetzt alle flüchtigen, unbeständigen und zukunftslosen Eigenschaften dieser. Die Kultur ist jetzt ohne Festigkeit und allen Zufällen preisgegeben. Der Plebs herrscht, und die Barbaren dringen vor. Noch kann die Zivilisation glänzend erscheinen, weil sie die von einer langen Vergangenheit geschaffene äußere Fassade besitzt, in Wahrheit aber ist sie ein wurmstichiger Bau, der keine Stütze hat und beim ersten Sturm zusammenbrechen wird.

Von der Barbarei zur Zivilisation, in Verfolg eines Traumes, dann, sobald dieser Traum seine Kraft eingebüßt, niedergehen und sterben - das ist der Zyklus eines Volkslebens.

Lucien Pallez (1853 - 1933): Grab Gustave Le Bon, Cimetière du Père-Lachaise

Foto: Pierre-Yves Beaudouin

Nachwort des Herausgebers

Im Folgenden werde ich versuchen, die nach meiner Auffassung beeindruckende Aktualität dieses Buches aus dem Jahr 1895 dadurch zu untermauern, dass ich einige Zitate Le Bons aus dem vorliegenden Werk herausgreife und sie aktuellen politischen und gesellschaftlichen Diskussionen gegenüberstelle.

Zuerst jedoch möchte ich auf zwei Auffälligkeiten in Le Bons Ausführungen hinweisen, zum einen auf seinen knappen Gebrauch des Begriffes Freiheit und zum zweiten auf den Verzicht auf eine Erwähnung der Bedeutung des Rechts für die Psychologie der Massen.

Die Freiheit hätte bei der Betrachtung der „Psychologie der Massen" dann eine herausragende Bedeutung spielen müssen, wenn der Autor dem Bestreben der Massen nach Freiheit einen gewichtigen Rang zuschriebe. Tatsächlich verwendet Le Bon in seinem umfangreichen Buch das Wort Freiheit nur sehr selten.

Le Bon schreibt: „Nicht das Freiheits-, sondern das Dienstbedürfnis ist es, was stets in der Massenseele herrscht. Die Massen haben solchen Durst, zu gehorchen, dass sie sich jedem, der sich zu ihrem Herrn ernennt, instinktiv unterordnen."

Auch im heutigen Deutschland, so wie in den früheren deutschen Staatsformen, steht die Freiheit nicht hoch im Kurs. Insofern beschreibt Le Bon visionär mit

seiner sparsamen Betrachtung der Freiheit auch den ak-
tuellen Zustand der deutschen Massen.

Die Idee der Freiheit spielt in der deutschen Ge-
sellschaft allenfalls eine nachrangige Rolle, die Freiheit
ist eher lästig. Noch deutlicher sagt es Dostojewskij in
seinem Roman „Die Brüder Karamasow": „Nichts ist
jemals dem Menschen und der menschlichen Gesell-
schaft unerträglicher gewesen als die Freiheit."[38]

Der spärliche Verweis Le Bons auf die Freiheit er-
klärt sich möglicherweise aus einer Bemerkung Alexis de
Tocquevilles in seinem Buch „Der alte Staat und die Re-
volution": „Manche werden mich vielleicht beschuldi-
gen, in diesem Buch eine sehr unzeitige Vorliebe für die
Freiheit zu zeigen, die, wie man mir versichert, jetzt
kaum jemand in Frankreich am Herzen liegt."[39] Ich be-
fürchte, die Vorliebe für die Freiheit ist auch heute in
Deutschland unzeitgemäß.

Das gilt auch für den zweiten Begriff, den Le Bon
nur ein Mal benutzt, das Recht. Das Recht wird in
Deutschland zwar immer weiter beschädigt, jedoch ist

---

[38] Fjodor Michailowitsch Dostojewskij: „Die Brüder Karamasow", „Der Großinquisitor", München 2001, S. 340.
Dostojewskij lässt Jesus im Sevilla zur Zeit der Inquisition wieder auferste-hen. Jesus wird jedoch auf Veranlassung des Großinquisitors in den Kerker geworfen und soll auf dem Scheiterhaufen verbrannt werden, denn er stört die Macht der Kirche, die die Menschen vor der Freiheit bewahrt. „Der Mensch kennt keine qualvollere Sorge, als jemanden zu finden, dem er möglichst bald jenes Geschenk der Freiheit übergeben könnte, mit dem er, dieses unglückselige Geschöpf, auf die Welt kommt." (a.a.O.: S. 343)

[39] Alexis de Tocqueville: „Der alte Staat und die Revolution", Leipzig 1867, S. 7

dies eine Entwicklung, die von kaum jemandem, der Masse bestimmt nicht, zur Kenntnis genommen oder gar beklagt wird. Das Grundgesetz wird ausgehöhlt, Grundrechte, individuelle Rechte, werden eingeschränkt, die Bevormundung wächst, ein Weg, der im Sozialismus enden kann, wie Le Bon an anderer Stelle befürchtet.[40]

Der Gedanke, der Freiheit und dem Recht kämen nur untergeordnete Rollen zu, ist schwer zu ertragen, aber so ist offensichtlich die Realität. In den folgenden Beispielen zur Aktualität Le Bons für die heutige Welt zeigt sich leider diese Realität.

---

[40] „Nichts ist weniger demokratisch als ihre (der Sozialisten, H. S.) Vorstellung, die Auswirkungen von Freiheit und natürlichen Ungleichheiten durch ein absolut despotisches Regime zu zerstören, das jeden Wettbewerb ausschaltet, den Fähigen und Unfähigen das gleiche Gehalt gewährt und die sozialen Ungleichheiten, die sich aus den natürlichen Ungleichheiten ergeben, durch gesetzgeberische Maßnahmen ständig einzuebnen." (Gustave Le Bon, „Psychologie des Sozialismus", a.a.O. S. 259).

Wissenschaft

„Ich habe versucht, das schwierige Problem der Massen in streng wissenschaftlicher Weise zu bearbeiten, also methodisch und unbekümmert um Meinungen, Theorien und Doktrinen. Nur so, glaube ich, kommt man zur Auffindung von Wahrheitselementen, besonders wenn es sich, wie hier, um eine die Geister lebhaft erregende Frage handelt. Der um die Festlegung eines Phänomens bekümmerte Forscher hat sich um die Interessen, die durch seine Feststellungen tangiert werden können, nicht zu sorgen."

Eine Wissenschaft, „methodisch und unbekümmert um Meinungen, Theorien und Doktrinen", ist nicht nur heute, sondern auch zur Zeit Le Bons, selten. Es ist für die meisten Menschen, also auch für Wissenschaftler, üblich, sich konform mit der herrschenden Meinung zu zeigen, um Schwierigkeiten in beruflicher Hinsicht oder im gesellschaftlichen Ansehen zu vermeiden.

Dies wird gegenwärtig angesichts einer Virus-Epidemie (SARS-CoV-2) besonders deutlich, da diejenigen Wissenschaftler, die zum Ursprung des Virus, seiner Gefahren und seiner Bekämpfung nicht der herrschenden Meinung beipflichten, als „Querdenker" diffamiert werden. Allerdings wird die Diffamierung auf Dauer nicht erfolgreich sein, denn gerade das Querdenken, also den ausgetretenen Pfad der Einheitsmeinung verlassen, wird die Wissenschaft und den Kenntnisstand voranbringen. Dogmatismus ist Stillstand und schadet.

In gleicher Weise wie die Querdenker werden diejenigen Wissenschaftler ausgegrenzt, die Zweifel am Anteil der „menschengemachten" Erwärmung des Klimas äußern und auch die natürliche Variabilität des Klimasystems in Betracht ziehen. Sie sind, es ist eine absurde Bezeichnung, „Klimaleugner", die also nach Ansicht der Rechtgläubigen leugnen, dass es ein Klima gäbe. Rigoros verurteilen die Glaubensüberzeugten ihre Widersacher, mit aller Vehemenz insbesondere seit dem Jahr 2009, als die störrischen Querdenker öffentlich machen, dass klimagläubige Wissenschaftler Daten gefälscht haben, um zu beweisen, dass der Klimawandel menschengemacht sei („Klimagate").

In der Wissenschaft ist allenthalben festzustellen, dass sie instrumentalisiert wird und sie sich instrumentalisieren lässt, um bestimmten politischen Zielen zu dienen. Deutlich zeigt sich diese Entwicklung darin, dass Fördergelder dann ausgeschüttet werden, wenn obrigkeitskonforme Forschungsergebnisse geliefert werden, also keine Wissenschaft betrieben wird, die diesen Namen verdient. Diejenigen, die über die Fördergelder verfügen, Politiker, sind nicht daran interessiert, in ihren Erwartungen enttäuscht zu werden, denn sie könnten mit Problemen konfrontiert werden, die zu lösen sind.

Unabhängigkeit der Abgeordneten

„Sie (die Massen, H. S.) entsenden in die Parlamente Abgeordnete, denen alle Initiative, alle Unabhängigkeit fehlt und die oft nur die Wortführer der Ausschüsse sind, von denen sie gewählt wurden."

Die Abgeordneten in den Parlamenten sind, bis auf wenige Ausnahmen, abhängig von ihren Parteien, die sie für Wahlen aufgestellt haben. Die Annahme, die Abgeordneten wären, wie im Grundgesetz kodifiziert, nur ihrem Gewissen verantwortlich, ist Illusion.[41]

Am 26. April 1972, einen Tag vor der Abstimmung über ein konstruktives Misstrauensvotum gegen den amtierenden Bundeskanzler Willy Brandt, debattieren die Abgeordneten im Deutschen Bundestag lebhaft über den Fraktionswechsel einzelner Abgeordneter, den Fraktionszwang bei Abstimmungen und über imperative Mandate. (Deutscher Bundestag, 6. Wahlperiode, 182. Sitzung). Die Redner der im Bundestag vertretenen Parteien (CDU/CSU, SPD, FDP) verurteilen den Fraktionszwang als „Zerrbild des Parlamentarismus", die „freie Gewissensentscheidung" dürfe nicht beeinflusst werden und „Manipulationen" bei Abstimmungen lägen ihnen fern.

---

[41] Herbert Wehner (Fraktionsvorsitzender der SPD im Bundestag von 1969 bis 1983) wird das Wort zugeschrieben, einem Abgeordneten gegenüber, der aus Gewissensgründen abweichend von der SPD-Fraktion abstimmen wollte, gesagt zu haben, das nächste Mal solle er sich dann eben von seinem Gewissen aufstellen lassen.

Es sind Fensterreden, denn im Hintergrund sind Abgeordnete für die Abstimmung am nächsten Tag bestochen worden (Julius Steiner, CDU) oder als inoffizielle Mitarbeiter der Staatssicherheit aus der DDR gesteuert (Leo Wagner, CSU). Das Misstrauensvotum scheitert dann auch.

Das Gerede von der Unabhängigkeit der Abgeordneten wird dann deutlich zur Phrase, wenn Abgeordnete tatsächlich einmal so abstimmen, dass das Abstimmungsergebnis nicht der Erwartung der Mächtigen entsprechen. Dann muss eine Abstimmung, im Thüringer Landtag, „rückgängig" gemacht werden.[42]

Diese Abstimmung erfolgt in geheimer Wahl der Abgeordneten. Sicherlich wäre es der Demokratie dienlich, wenn häufiger von geheimen Abstimmungen Gebrauch gemacht würde, denn dann entfiele der Fraktionszwang, der nach meiner Meinung eine unzulässige Beeinträchtigung der Gewissensfreiheit der Abgeordneten ist.

---

[42] Ein eklatantes Beispiel ist die Wahl des FDP-Politikers Thomas Kemmerich zum Ministerpräsidenten des Bundeslandes Thüringen im Februar 2020. Diese Wahl missfällt der Bundeskanzlerin A. Merkel, die sich während eines Staatsbesuchs aus Südafrika meldet und von dort aus dem staunenden deutschen Publikum verkündet, sie halte die Wahl für „unverzeihlich" und das Ergebnis müsse „rückgängig" gemacht werden. Merkel präferiert offensichtlich die Wahl von Bodo Ramelow (ehemals SED, heute Linkspartei). Es geschieht, wie es die Bundeskanzlerin wünscht.

Suggestion

„Wir wissen jetzt, dass mittelst mannigfacher Prozeduren ein Mensch in einen solchen Zustand versetzt werden kann, dass er nach Verlust seiner ganzen bewussten Persönlichkeit allen Suggestionen desjenigen gehorcht, der ihn seines Persönlichkeitsbewusstseins beraubt hat, und dass er die zu seinem Charakter und seinen Gewohnheiten in schärfstem Gegensatz stehenden Handlungen vollbringt. (…)

Die Hauptmerkmale des in der Masse befindlichen Individuums sind demnach: Schwund der bewussten Persönlichkeit, Vorherrschaft der unbewussten Persönlichkeit, Orientierung der Gefühle und Gedanken in derselben Richtung durch Suggestion und Ansteckung, Tendenz zur unverzüglichen Verwirklichung der suggerierten Ideen. Das Individuum ist nicht mehr es selbst, ist ein willenloser Automat geworden."

„Wer die Menschen verwirrt, wer sie ohne Grund in Unsicherheit, Aufregung und Furcht versetzt, betreibt das Werk des Teufels und nicht das Werk Gottes", sagt Franz Josef Strauß (CSU) im Jahr 1986, als er versucht, den diffusen Ängsten mancher, allerdings lautstarker und gewalttätiger Gegner einer Wiederaufarbeitungsanlage abgebrannter Brennelemente aus Kernkraftwerken im bayerischen Wackersdorf zu entgegnen.[43] Vergebens, das Vorhaben scheitert drei Jahre später.

---

43 Youtube: https://youtu.be/CTniIX5nP-o

Heute erregen die Gesundheitsminister und die Gesundheitsbehörden Unsicherheit, Aufregung und Furcht, weil ein Virus aus der Familie der Coronaviren grassiert. Die Leitmedien unterstützten die staatlichen Institutionen tatkräftig, indem sie vorbehaltlos die einseitigen Einschätzungen über die Gefährlichkeit des Virus verkünden und vervielfältigen, nicht aber abweichende Ergebnisse solcher Forschungsinstitute veröffentlichen, die unabhängig von staatlicher Einflussnahme kritisch der Wissenschaft dienen wollen. Kritiker, die abwägen zwischen der Gefahr eines Virus und den Folgen aus der Abwehr möglicher Infektionen auf die Gesellschaft bleiben ungehört.

Es wird Furcht verbreitet, also das „Werk des Teufels" betrieben. Es droht den Deutschen der Atomtod durch Kernkraftwerke, das Waldsterben vernichtet die Lebensgrundlagen („Erst stirbt der Wald, dann der Mensch"), das Ozonloch gefährdet die Gesundheit und bald werden infolge des „Klimawandels" halbe Kontinente unter Wasser stehen und Hungersnöte die Menschheit drastisch reduzieren.

„Suggestion und Ansteckung" beherrschen die Massen. So ist es von den Regierenden gewollt, denn die ängstlichen Bürger sind folgsam und wenig geneigt, sich über die staatlichen Maßnahmen gegen die Übel zu empören, seien die Maßnahmen auch widersprüchlich, unsystematisch und teilweise absurd. Das eigene Denken der Individuen, gegründet auf Fakten, könnte verhindern, dass staatlicher Irrsinn Methode wird. Das Indivi-

duum muss also selber Einhalt gebieten, dass es ein „willenloser Automat" wird.

Das erfordert jedoch Anstrengungen, die die meisten nicht bereit sind aufzubringen.

Ansteckung

„Bei genügender Wiederholung einer Behauptung und Einmütigkeit der Wiederholung,(…) bildet sich das, was man eine geistige Strömung nennt, und der mächtige Mechanismus der Ansteckung tritt ins Spiel. Bei den Massen haben die Ideen, Gefühle, Affekte, Glaubenssätze eine so starke Ansteckungskraft wie die der Mikroben.

„In der Masse wird die Übertreibung der Gefühle noch dadurch verstärkt, dass, da ein zur Äußerung gelangtes Gefühl sich durch Suggestion und Ansteckung sehr rasch ausbreitet, die sichtliche Anerkennung, die es erfährt, seine Intensität erheblich steigert.

Namentlich vermittels des Mechanismus der Ansteckung, niemals mittels der Vernunft verbreiten sich die Anschauungen und Glaubensinhalte der Massen."

Die Ansteckung („contagion"), wie Le Bon das Phänomen der Verbreitung von Emotionen, Glaubenssätzen oder Affekten nennt, lässt sich heute angesichts der außergewöhnlichen Furcht der Menschen vor einer Ansteckung durch das Corona-Virus SARS-CoV-2 als Massenhysterie bezeichnen. Drei spanische Wissenschaftler haben (auch unter Hinweis auf die Überlegungen Le Bons) die Massenhysterie, die Ausbreitung von Emotio-

nen, untersucht und dabei auch die Rolle des Staates in die Betrachtung einbezogen. [44]

Die Autoren beleuchten, wie sich Angst ausbreitet und sich die Mehrheit einer Gruppe angesichts einer Bedrohung verhält. Das Phänomen der Konformität bewirke, dass der soziale Druck den Einzelnen veranlasse, sich genauso zu verhalten wie die anderen Mitglieder der Gruppe.

Ein Negativbias (Negativverzerrung), der die Menschen negative Erlebnisse stärker wahrnehmen lässt als positive Erfahrungen, dieser Negativbias bewirke, dass die Menschen sich aufgrund der biologischen Evolution auf schlechte Nachrichten konzentrieren, weil schlechte Nachrichten eine mögliche Bedrohung darstellen. „Die Fokussierung auf negative Nachrichten und das Gefühl des Kontrollverlusts können psychologischen Stress verursachen, der sich auf eine größere Gruppe übertragen und damit eine Massenhysterie auslösen kann", heißt es in der Arbeit. Problematisch wird es, wenn der Staat, unterstützt von einem „tendenziösen Mediensektor die Massenhysterie anheizt" und die Massenhysterie außer Kontrolle geraten kann. [45]

Die Angst in der Bevölkerung soll erhöht werden. „Das ganze Ziel praktischer Politik ist es, die Bevölke-

---

[44] Philipp Bagus, Antonio Sánchez-Bayón, José Antonio Peña-Ramos: „Covid-19 und die politische Ökonomie der Massenhysterie" in: „Null-Risiko-Gesellschaft. Zwischen Sicherheitswahn und Kurzsichtigkeit", Edition Liberales Institut, Zürich 2021.

[45] Zahlreiche Beispiele hierzu enthält mein Buch „Angekränkeltes Land-Skizzen zweier Übel", Hamburg 2021.

rung durch eine endlose Reihe von Kobolden, von denen die meisten imaginär sind, in Angst zu versetzen (und die Bevölkerung anschließend davor in Sicherheit zu bringen)", zitieren die drei Verfasser, mit bemerkenswertem Sinn für dessen Ironie, den amerikanischen Schriftsteller Henry Louis Mencken.

Es ist naheliegend, das Fazit aus der vorangegangenen Darstellung so zu ziehen, dass der Staat der Bevölkerung Angst macht, diese Angst dann dazu führt, das eigene Denken des Einzelnen aufzugeben und der Masse zu folgen, die wiederum in ihrer Hysterie neue Aktivitäten des Staates fordert, die allzu gerne im Eigeninteresse der Politiker geleistet werden. Ein Teufelskreis wird in Gang gebracht, und es ist zu wünschen, dass beherzte unabhängige Autoritäten aus der Politik und der Wissenschaft sich zu Wort melden (und auch gehört werden), um die Hysterie zu beenden.

Der Untertanengeist, Heinrich Mann hat ihn in seinem Buch „Der Untertan" brillant beschrieben, der Untertanengeist ist jedoch immer noch prägend für die Masse und wird es wohl auch weiterhin sein. Heinrich Manns Bruder, Thomas Mann, sagt es deutlich in seiner BBC-Radiosendung „Deutsche Hörer!" im Dezember 1940: „Ich zweifele nicht, dass ihr gehorchen würdet (statt ‚Stille Nacht, heilige Nacht' die blutige Parteihymne zu singen), denn euer Gehorsam ist grenzenlos, und er wird, dass ich es euch nur sage, von Tag zu Tag unverzeihlicher."

Individuen im Staat

„Bei den Lateinern (gemeint sind die romanischen Staaten, H. S.) bedeutet das Wort Demokratie besonders das Zurücktreten des Willens und der Initiative des Individuums vor der der Staatsgemeinschaft. Der Staat soll immer mehr alles leiten, alles zentralisieren, monopolisieren und fabrizieren. An ihn appellieren beständig alle Parteien ohne Ausnahmen: Radikale, Sozialisten, Monarchisten. Bei den Angelsachsen, namentlich den Amerikanern, bedeutet dasselbe Wort im Gegenteil die intensive Entfaltung des Willens und der Individualität, das möglichste Zurücktreten des Staates, dem man mit Ausnahme der Polizei, des Heeres und der diplomatischen Beziehungen nichts leiten lässt, nicht einmal den Unterricht. Dasselbe Wort also, welches bei dem einen Volke das Zurücktreten des Willens und der Initiative des Individuums und die Vorherrschaft des Staates bedeutet, bedeutet bei dem anderen die starke Entfaltung dieses Willens, dieser Initiative und das völlige Zurücktreten des Staates, es hat also einen absolut konträren Sinn.“

Den Überlegungen Le Bons folgend, lässt sich feststellen, dass Deutschland heute ein Land der „Lateiner" ist: Der Staat übernimmt immer mehr Macht, er schränkt die Freiheit des Einzelnen immer weiter ein, der Wille und die Initiative des Individuums zählen kaum noch.

Als Maßstab für die Entmündigung ziehe ich die Steuerlast des Bürgers heran, denn an dieser Kennzahl lässt sich aufzeigen, wie weit der Einzelne schon entmündigt worden ist. Die direkte Last durch Steuern und Sozialabgaben auf das durchschnittliche Arbeitseinkommen für Familien liegt im Jahr 2020 bei 49 Prozent,[46] hinzu kommen indirekte Steuern wie die Umsatzsteuer oder Energiesteuern. Der Bund der Steuerzahler erklärt den 13. Juli 2021 als „Steuerzahlergedenktag", denn bis zu diesem Tag, also mehr als die Hälfte des Jahres, müssen die Bürger für öffentliche Kassen arbeiten.

Hinzu kommt eine drastische Zunahme der Gesetze und Verordnungen, so dass immer weitere Teile früherer individueller Freiheit zugunsten staatlicher Regulierungen eingeschränkt werden. Das Juraforum hat rund 6400 Gesetze und Verordnungen in der Datenbank, eine Zahl, die das enge Korsett des Bürgers kennzeichnet. Die Mündigkeit des Bürgers ist eng begrenzt.[47]

Laut Le Bon ist diese Entwicklung demokratisch, denn die Massen (der Lateiner, also wir) wollen das „Zurücktreten des Willens und der Initiative des Individuums vor der Staatsgemeinschaft."

---

[46] Statista: Anteil von Steuer- und Sozialabgaben an den Gesamtarbeitskosten für Durchschnittsverdiener in den OECD-Ländern im Jahr 2020 nach Familienstand.

[47] Das juraforum.de listet 6411 Gesetze und Verordnungen auf, von „A", wie Ausführungsanordnung zur Konzessionsabgabenordnung bis „Z", wie Zwangsverwalterverordnung (Stand Juli 2021).

Dieser Gedanke führt zu der Frage, ob die Massen in Abhängigkeit vom Bildungsgrad ihrer Individuen klug oder weniger klug handeln. Le Bon hat eine Antwort.

Unwissenheit und Suggestion

„Darf man nun annehmen, die Abstimmungen der
Massen würden durch die Beschränkung des Wahlrechts,
wenn man will auf die Fähigen, eine Besserung erfahren? Ich kann daran nicht einen Augenblick glauben und
zwar aus den Gründen, die in der geistigen Inferiorität
aller wie immer zusammengesetzten Gesamtheiten liegen. In der Masse gleichen sich die Menschen stets einander an, und die Abstimmung von 40 Akademikern
über allgemeine Fragen ist nicht besser als jene von 40
Wasserträgern. (...) Nicht durch die Kenntnis des Griechischen oder der Mathematik, nicht weil er Architekt,
Tierarzt, Arzt oder Advokat ist, erwirbt jemand besondere Einsichten betreffs der sozialen Fragen. Alle unsere
Nationalökonomen sind gelehrte Leute, meist Professoren und Akademiker. Gibt es nun ein einziges allgemeines Problem, wie der Protektionismus, der Bimetallismus[48] usw., betreffs dessen sie übereinzustimmen vermochten? Das kommt daher, dass ihre Wissenschaft nur
eine sehr geminderte Form der allgemeinen Unwissenheit ist. Angesichts der sozialen Probleme, in denen so
viele Unbekannte stecken, gleichen einander alle Unwissenheiten."

---

[48] Unter dem Stichwort Bimetallismus spricht Le Bon eine wichtige Frage
zum Währungssystem seiner Zeit an. Beim Bimetallismus basiert der Wert
der Münzen als Zahlungsmittel auf dem Wert zweier Metalle, meistens Gold
und Silber.

Le Bon zeigt mit seinem (indirekten) Plädoyer für ein allgemeines gleiches Wahlrecht, dass er weit über die herrschenden gesellschaftlichen Strömungen seiner Zeit hinaus denkt.[49]

Allerdings klingt bei Le Bon auch eine gewisse Skepsis gegenüber den Wahl-Entscheidungen von Massen an, seien es Professoren und Akademiker oder Wasserträger, denn beide Gruppen gleichen einander in Unwissenheit (angesichts sozialer Probleme).

Das macht die Massen anfällig für Propaganda, Manipulationen und starke Führer. Komplexe Zusammenhänge zu erkennen und rationale Entscheidungen aus diesen Erkenntnissen zu treffen, ist eine Gabe, die nur wenigen zuteil ist. Daher sind Voten der Massen, leider, unabänderlich irrational, gefühlsgesteuert und augenblicksabhängig.

„So kann denn die Masse, stets an den Grenzen des Unbewußten umherirrend, allen Suggestionen leicht nachkommend, im Besitze der Gefühlsheftigkeit, die allen, den Einflüssen der Vernunft nicht zugänglichen Wesen eigen ist, alles kritischen Geistes bar, nur von einer extremen Leichtgläubigkeit sein."

---

[49] Zwar gilt in Frankreich ein allgemeines Wahlrecht für die Abgeordnetenversammlung, jedoch ist das Wahlrecht und auch die Staatsform, die (Dritte) Republik, starker Kritik ausgesetzt, weil während der gesamten Zeit der Dritten Republik keine stabilen Verhältnisse erreicht werden. Auch im Deutschen Reich gilt das allgemeine und gleiche Wahlrecht, nicht jedoch in Preußen, dem größten Bundesland, das auch nach der Reichsgründung das Drei-Klassen-Wahlrecht beibehält.

Die „extreme Leichtgläubigkeit" lässt für die Propaganda aller Genres, für die wir früher ein eigenes Ministerium hatten, einen weiten Spielraum, der intensiv von den Herrschenden genutzt wird. Die staatsnahen Medien unterstützen die Regierenden tatkräftig, die Bürger zur Unmündigkeit zu erziehen.[50] Es bleibt zu hoffen, dass die Massen nicht schon wieder Scharlatanen und Heilsverkündern auf den Leim gehen.

---

[50] siehe Holger Schulz: „Haltung und Erziehung - wie die deutschen Medien die Bürger zur Unmündigkeit erziehen", Hamburg 2019.

Defizite der Führer

„Meist sind die Führer nicht Denker, sondern Männer des Handelns. Sie sind von geringem Scharfblick und können es nicht sein, da der Scharfblick im allgemeinen zum Zweifel und zur Untätigkeit führt. Sie rekrutieren sich namentlich aus jenen Nervösen, Erregten, Halbverrückten, die an der Grenze des Irrsinns sich befinden. So absurd auch die von ihnen verfochtene Idee oder das von ihnen verfolgte Ziel sein mag, gegen ihre Überzeugung wird alle Logik zunichte. Verachtung und Verfolgung stört sie nicht oder erregt sie nur noch mehr. (…) Die Menge ist stets bereit, demjenigen zuzuhören, der einen starken, imponierenden Willen besitzt. Die zu Massen vereinigten Menschen büßen allen Willen ein und wenden sich instinktiv an den Besitzer eines solchen."

Diese Charakterisierung der Führer und Massen trifft auch zu, wenn das ein Land eine Führerin an der Spitze hat, eine Bundeskanzlerin.

A. Merkel hat während sechzehn Jahren als Bundeskanzlerin gezeigt, dass sie ohne jegliche Logik mit vielen planlosen Entscheidungen, Wendungen und Widersprüchen das Land führt, und dennoch gilt sie als beliebte Politikerin bei den Massen, verkünden zumindest die staatsnahen Medien immer wieder.

Die Massen haben es nicht vermocht - ich wiederhole mich, die Medien taten das ihrige dazu, Transpa-

renz und Aufklärung zu verhindern - die Massen haben es nicht vermocht, die mäandrierenden Wege der Bundeskanzlerin, auch deren Irrwege, als das zu entlarven, was sie bedeuten: die gesellschaftliche Stabilität, den Wohlstand und die Sicherheit nachhaltig zu beschädigen.

A. Merkel hat immer wieder den Verstand und die Logik in politischen Entscheidungen beiseite geschoben, weil die Entscheidungen „alternativlos" seien, und die Massen haben es hingenommen oder sogar folgsam mitgestaltet. Nur einige der schmählichen Beschlüsse und Maßnahmen seien hier aufgezählt: Die Energiepolitik mit der Abschaltung der Großkraftwerke und der Ausrichtung der Stromerzeugung auf die volatile Abhängigkeit von Wind und Sonne, die Förderung der Islamisierung des Landes durch die Masseneinwanderung vieler hunderttausender, nicht integrationsfähiger oder -williger Menschen aus gescheiterten Gesellschaften, das Verderben der finanzpolitischen Stabilität durch eine ausufernde Sozialpolitik sowie die Haftung des Landes für die Schulden ausländischer Staaten.

Gesetze, insbesondere das Grundgesetz, und internationale Vereinbarungen haben für die Führerin keine Bedeutung. A. Merkel ignoriert die Asylregelungen des Grundgesetzes und des Asylgesetzes, für sie hat die fundamentale „No-Bailout-Klausel"[51] der Europäischen Wirtschafts- und Währungsunion keine Bedeutung. Der

---

[51] Art. 125 des Vertrages über die Arbeitsweise der Europäischen Union bestimmt: „Ein Mitgliedsstaat haftet nicht für die Verbindlichkeiten (…) eines anderen Mitgliedsstaates und tritt nicht für derartige Verbindlichkeiten ein."

Rechtsstaat erodiert, auch mit der Aufhebung der Grund-
rechte in der Gesundheitspolitik zur Eindämmung einer
Virus-Epidemie.

Als Fazit der Regierungen Merkel bleibt ein
Scherbenhaufen, den die Bundeskanzlerin aber nicht al-
leine verursacht hat. Le Bon sieht die Massen in der Mit-
schuld:

„Wir dürfen dem betreffenden Führer nicht zu böse
sein. Gewiss ist er uns teuer zu stehen gekommen, aber
ein großer Teil seines Einflusses hing mit seiner Anschmiegung an die öffentliche Meinung zusammen (…).
Selten schreitet ein Führer der öffentlichen Meinung
voran, fast immer begnügt er sich damit, ihr zu folgen
und alle ihre Irrtümer zu teilen."

Subsidiarität (und Freiheit)

„Diese progressive Freiheitsbeschränkung bekundet sich in allen Ländern in einer besonderen (…) Weise: Die Schaffung jener unzähligen Reihen gesetzlicher Maßnahmen allgemein beschränkender Art führt notwendig zur Vermehrung der Menge, der Macht und des Einflusses der mit deren Anwendung betrauten Funktionäre. Sie haben so die wachsende Tendenz, die wahren Gebieter der Kulturländer zu werden. (…) Diese fortwährende Schaffung von Gesetzen und Beschränkungsmaßnahmen, die mit den byzantinischen Formalitäten die unbedeutendsten Lebensakte umgeben, hat zur notwendigen Folge die zunehmende Einengung der Sphäre, in der sich die Bürger frei bewegen können.[52] Ein Opfer der Illusion, die Freiheit und die Gleichheit würden durch Vermehrung der Gesetze besser gesichert, werden die Völker immer mehr dadurch gehemmt."

Das Prinzip der Subsidiarität, also der Gedanke, dass es dem Individuum freigestellt ist, in größtmöglicher Eigenverantwortung zu leben, durchzieht die gesellschaftliche Ideengeschichte zwar schon seit Jahrhunder-

---

[52] Mit den „byzantinischen Formalitäten" spricht Le Bon die Gesetzesentwicklung im Oströmischen Reich etwa vom sechsten Jahrhundert bis zur osmanischen Eroberung Konstantinopels im Jahr 1453 an. Das öffentliche, private und wirtschaftliche Leben wird kodifiziert, jeder Kaiser erlässt neue Gesetze, so dass schließlich tausende Rechtsregeln alle Aspekte des sozialen Miteinander regeln. Immer mehr Ämter und Titel stärken die Bürokratie. Das Reich wird dennoch, oder vielleicht gerade deshalb, immer schwächer und fällt schließlich den Osmanen zum Opfer.

ten, jedoch bleibt von diesem Grundsatz immer weniger übrig. Der Ursprungsgedanke, formuliert zur Zeit der Reformation und danach auf staatliches Handeln übertragen, wird zugunsten einer Gesellschaftskonzeption verwässert, die die staatliche Macht immer weiter ausweitet.

Die Europäische Union fördert die Einschränkung der Subsidiarität seit Jahren mit vollem Druck, obwohl gerade das Subsidiaritätsprinzip eine ihrer Grundideen ist. Das Grundgesetz, um nur eine der zahlreichen gesetzlichen Regelungen zu erwähnen, erklärt in Art. 23 eindeutig, die Bundesrepublik wirke bei der Entwicklung der Europäischen Union mit, die der Subsidiarität verpflichtet sei. Werde gegen das Subsidiaritätsprinzip verstoßen, haben Bundestag und Bundesrat das Recht, vor dem Gerichtshof der Europäischen Union Klage zu erheben.

Der Staat mit seinem Streben nach Macht, seine Regulierung immer weiterer Lebensbereiche der Bevölkerung, sei es in der wirtschaftlichen, sozialen oder kulturellen Sphäre, diese zweifelhafte Übung des Staates führt dazu, dass das Individuum in seinen Rechten weiter eingeschränkt wird. Die Massen kümmert es nicht, sie nehmen es hin. Für die Massen ist Subsidiarität, wenn sie überhaupt jemals deren grundlegende Idee verstanden haben sollten, ein verzichtbares Recht. Sie vermissen offenbar nichts, denn sie wählen diejenigen in die Parlamente, die ihnen ihre Rechte beschneiden.

Gefühl verdrängt die Vernunft

„Die Meinung der Massen hat demnach die Tendenz, immer mehr zum obersten Regulator der Politik zu werden. (…) Es ist ein sehr interessantes Symptom für unsere Zeit, wenn man sieht, wie Päpste, Könige und Kaiser sich der Einrichtung des Interview unterwerfen, um dem Urteil der Massen ihre Gedanken über einen bestimmten Gegenstand zu unterbreiten. Einst konnte man sagen, die Politik sei keine Sache des Gefühls. Darf man dies auch heute noch sagen, da sie immer mehr durch die Impulse der wandelbaren Massen geleitet wird, die keine Vernunft kennen und nur vom Gefühl beherrscht werden?

Le Bon verwendet ein Wort besonders häufig: das „Gefühl". Immer wieder kommt er auf das Gefühl der Massen zurück. Im Gegensatz dazu ist der Begriff „Verstand" nur selten im Zusammenhang mit dem Verhalten der Massen in seinem Werk zu finden. Massen handeln nicht verstandesgeleitet.

Bei Wahlen zu den Landtagen der Bundesländer oder zum Bundestag zeigt sich, dass der Verstand der Wähler allenfalls eine sehr untergeordnete Rolle spielt, denn anders ist nicht erklärbar, warum Parteien und Abgeordnete in die Parlamente gewählt werden, die ihr Versagen bereits dokumentiert haben oder Ziele verkünden, die den Interessen der Wähler zuwider laufen, je-

doch gut dazu geeignet sind, die Eigeninteressen der Gewählten zu bedienen.

Die gefühlsgesteuerten Wähler stimmen für die unter neuem Namen auftretende SED, die jahrzehntelang die Menschen in der DDR kujoniert und das Land ruiniert hat. Sie wählen Grüne, die ihnen erzählen, das wichtigste Problem der Wähler sei der Klimawandel, der es erfordere, immer mehr Windmühlen zur Stromversorgung zu bauen. Auch sei es dringend geboten, eine gendergerechte Sprache durchzusetzen oder das Elend in der Welt zu beseitigen, indem uneingeschränkt Migranten ins Land geholt werden.

Ihr Verstand müsste die Wähler hingegen zu Entscheidungen leiten, ihre Wahl danach ausrichten, dass Abgeordnete derjenigen Parteien die Interessen der Wähler vertreten, die die Freiheit und Meinungsvielfalt erhalten oder sogar fördern, die eine Bildungs- und Ausbildungspolitik betreiben, die das Land auf den Pfad früherer Erfolge in der Technik und Industrie zurückführt, die die innere und äußere Sicherheit der Bevölkerung gewährleisten, die eine Steuer- und Abgabenpolitik zum Ziel haben, die die Leistungsbereitschaft der Menschen fördert.

Leider sind die Massen nicht in der Lage, ihren Verstand zu gebrauchen. Sie folgen ihrem Gefühl und Autoritäten, die ihnen sagen, was richtig ist.

Autoritätsgläubigkeit

„Die Massen kennen nur einfache und extreme Gefühle; die ihnen suggerierten Meinungen, Ideen und Glaubenssätze werden daher von ihnen nur en bloc angenommen oder verworfen und als absolute Wahrheiten oder ebenso absolute Irrtümer betrachtet. So verhält es sich stets mit den auf dem Weg der Suggestion, nicht durch Nachdenken erworbenen Überzeugungen. Man weiß, wie intolerant die religiösen Dogmen sind und welche despotische Herrschaft sie über die Geister ausüben.

Da die Masse betreffs des Wahren oder Falschen nicht im Zweifel ist und zugleich das klare Bewusstsein ihrer Kraft besitzt, so ist sie ebenso intolerant als autoritätsgläubig. Das Individuum vermag Widerspruch und Diskussion zu vertragen, niemals aber die Masse."

Statt religiöser Dogmen, wie sie zur Zeit Le Bons noch von Bedeutung waren, dominieren heute quasireligiöse Dogmen, die die Stelle der religiösen Dogmen einnehmen. Dogmen geben Sicherheit, sie entbinden das Individuum von eigenem Denken.

Auch wenn die hohen Vertreter der Kirchen, insbesondere Kardinal Reinhard Marx oder Bischof Heinrich Bedford-Strohm, regelmäßig die „richtigen" Antworten auf gesellschaftliche und politische Fragen als religiöse Botschaft verkündigen, bleibt ihre Wirkung gering. Quasireligiöse Dogmen verlautbaren heute die Leitmedien, vor allem das öffentlich-rechtliche Fernsehen und die politischen Führer.

Als absolute Wahrheiten, ohne dass sie sich die Mühe machen, inhaltlich zu argumentieren, geben sie kund, der Klimawandel sei menschengemacht, die Zuwanderung der Migranten aus islamischen Ländern bereichere die europäische Kultur, die Kolonialisierung sei Ursache für das Elend Afrikas oder es müsse der Kampf gegen „Rechts" geführt werden.

Nur wenige Häretiker wagen Widerspruch, denn er ist mit gesellschaftlichen Sanktionen verbunden.

Übrigens: Diejenigen, die ihre, die einzige, Wahrheit anderen aufnötigen und die die alleinige Führung der Gesellschaft für sich beanspruchen, bezeichnet man als Faschisten.[53] Heute nennen sie sich allerdings Antifaschisten.

---

[53] In seinem Buch „Der Aufstand der Massen" schreibt José Ortega y Gasset in einer Fußnote: „Die Dürftigkeit der spanischen intellektuellen Kultur zeigt sich nicht darin, dass einer mehr oder weniger weiß, sondern in dem gewohnheitsmäßigen Mangel an Behutsamkeit und Sorgfalt in der Berücksichtigung der wahren Sachverhalte, der bei allen Redenden und Schreibenden offenbar wird. Nicht also darin, ob man recht hat oder nicht - die Wahrheit ist nicht in unserer Hand - sondern in der Kritiklosigkeit, die dazu führt, dass man die elementaren Voraussetzungen des Rechthabens nicht erfüllt. Wir sind noch immer der ewige Dorfpfarrer, der triumphierend den Manichäer widerlegt, bevor er sich damit befasst hat, die Gedanken des Manichäers in Erfahrung zu bringen." (a.a.O., München 2012, Fußnote S. 74). (Anmerkung: Ortega y Gasset verwendet hier den Begriff „Manichäer" als Synonym für Häretiker.)

Aufmerksamkeitsdefizit

„Die Influenzaepidemie, infolge deren vor einigen Jahren in Paris fünftausend Menschen innerhalb weniger Wochen starben, machte auf die Volksphantasie wenig Eindruck. Freilich ward diese wahre Hekatombe nicht durch ein sichtbares Bild kenntlich, sondern nur durch die täglichen statistischen Berichte. Ein Unfall, der statt fünftausend nur fünfhundert Menschenleben verschuldet hätte, aber dies an einem einzigen Tage, auf einem öffentlichen Platz, in recht sichtbarer Weise, z. B. der Zusammenbruch des Eifelturmes, hätte im Gegenteil einen ungeheuren Eindruck auf die Einbildungskraft ausgeübt. (…) Nicht die Tatsachen als solche sind es also, was die Volksphantasie erregt, sondern die Art und Weise, wie sie sich verteilen und darstellen. Sie müssen, sozusagen, durch ihre Verdichtung ein packendes Bild, welches die Seele erfüllt und ergreift, bewirken.

Wer die Kunst, die Einbildungskraft der Massen zu erregen, kennt, der kennt auch die Kunst, sie zu regieren.“

Das Robert Koch-Institut gibt bekannt: „In der Grippewelle 2017/18 sind geschätzt 25.100 Menschen in Deutschland durch Influenza gestorben.“ Neun Millionen Menschen haben wegen der Influenza einen Arzt

aufgesucht.[54] Pro Jahr sterben in deutschen Kranken-
häusern zwanzig- bis vierzigtausend Menschen an multi-
resistenten Keimen. Es interessiert kaum jemanden; auch
die Medien geben derartige Informationen, wenn über-
haupt, lediglich in Kurzmeldungen weiter.

Das Orkantief „Friederike", der Tornado in Vier-
sen, oder Waldbrände in Schweden finden hingegen eine
wesentlich größere Aufmerksamkeit, obwohl diesen Er-
eignissen, wenn überhaupt, nur wenige Menschen zum
Opfer fallen.

Dies sind Ereignisse, die sichtbar sind; eine von
Viren ausgelöste Krankheit oder hygienische Nachläs-
sigkeiten in Krankenhäusern mit vielen tausend Toten ist
der Masse unerheblich. - bis zum Jahr 2020, als Viren
mit dem Namen SARS-CoV-2 plötzlich in den Blickpunkt
der Massen geraten, nicht weil sie wesentlich anders
sind, als die vorherigen immer wieder auftretenden Co-
rona-Viren, sondern weil die „Einbildungskraft der Mas-
sen" von Regierenden und Medien erregt wird. Das ist,
wie Le Bon es beschrieben hat, die Kunst, die Massen zu
regieren.

---

[54] Pressemitteilung des Robert Koch-Instituts 30. September 2019.
Eine Saison zuvor, 2016/17, liegt die Zahl der Verstorbenen ähnlich hoch,
bei 22.900 Menschen. Auch zu der Zeit erscheint die Zahl den Menschen
unbedeutend, denn kaum ein Medium berichtet über die Krankheit.

Erziehung zum Sozialismus

„Nicht als ob - was ja niemand behauptet hat - der gut geleitete Unterricht nicht sehr nützlich wirken könnte, wenn schon nicht in sittlicher Hinsicht so doch wenigstens zur Entfaltung der beruflichen Fähigkeiten. Leider haben, besonders seit 25 Jahren, die lateinischen Völker ihre Unterrichtssysteme auf ganz falschen Prinzipien aufgebaut und verbleiben trotz der Bemerkungen der vortrefflichsten Köpfe in ihren beklagenswerten Irrtümern. Ich selbst habe in verschiedenen Schriften gezeigt, dass unsere gegenwärtige Erziehung die Mehrzahl derjenigen, denen sie zuteil geworden, in Feinde der Gesellschaft verwandelt und dass sich aus ihnen eine zahlreiche Gefolgschaft der schlimmsten Arten des Sozialismus rekrutiert."

Die Kämpfer der Außerparlamentarischen Opposition (APO), die 68-iger, scheitern mit ihrer versuchten Revolution, und es gelingt ihnen auch nicht, das „kapitalistische Schweinesystem" zu beseitigen. Aber sie unterwandern erfolgreich mit ihrem „Marsch durch die Institutionen" den öffentlichen Dienst, mit Vorliebe die Schulen und Universitäten, und drängen konservative Kräfte in die Defensive.

Viele Schüler- und Studentengenerationen werden in den folgenden Jahrzehnten von den in den Schulen dominierenden linksorientierten Lehrern mit sozialisti-

schen Ideen infiziert, mit der Folge, dass die Infizierten immer weitere Kohorten anstecken.

Das Leistungsprinzip, das Trachten nach Wissen, Bildung und Erkenntnis, eine im ursprünglichen Sinn akademisch ausgerichtete Universität, diese Grundpfeiler einer funktionierenden Bildungspolitik sind allenfalls noch rudimentär vorhanden, nicht aber substantiell bedeutend. Wer aus diesem Bildungssystem in die Welt entlassen wird, ist weder in „sittlicher Hinsicht" noch zur „Entfaltung der beruflichen Fähigkeiten" geeignet.

Die Leistungsvergleiche der Schüler zwischen den einzelnen Bundesländern zeigen die Realität: Jahrelang konservativ regierte Bundesländer stehen im Vergleich der Leistungen, beispielsweise in Mathematik, Physik, Chemie, Deutsch, vorne (Bayern), links regierte Bundesländer (Bremen) stehen am unteren Ende.[55]

---

[55] Einige Zitate aus dem „MINT-Nachwuchsbarometer 2020" der Körber-Stiftung beleuchten das Desaster:

- „Der Vergleich der mathematischen Leistungen von Kindern in der vierten Klasse offenbart große Unterschiede zwischen den Bundesländern: Zum Beispiel verfehlen in Bremen rund 26 Prozent der Schülerinnen und Schüler die Mindeststandards, in Bayern sind es rund acht Prozent." (S. 5).

- „Schülerinnen und Schüler sind immer weniger interessiert an mathematisch-naturwissenschaftlichen Fächern und auch die Leistungen der 15-Jährigen sinken. Außerdem verfügen viele Jugendliche nur über geringe computerbezogene Kenntnisse." (Vorwort).

- „Mathematische und naturwissenschaftliche Leistungen der 15-Jährigen sinken seit 2012 kontinuierlich: Rund 20 Prozent der Jugendlichen sind nicht auf einem Niveau, das für den weiteren Ausbildungsweg in der Schule oder im Beruf als tragfähige Basis angesehen werden kann." (Kernbefunde).

Wörter und Formeln

„Mit Vernunft und Argumenten kann man gegen gewisse Wörter und Formeln nicht ankämpfen. Man spricht sie mit Andacht vor den Massen aus, und sogleich werden die Mienen respektvoll und die Köpfe neigen sich. Von vielen werden sie als Naturkräfte oder als übernatürliche Mächte betrachtet. Sie rufen in den Seelen grandiose und vage Bilder hervor, aber eben das Vage, das sie verwischt, vermehrt ihre magische Gewalt. (…)

Nicht alle Wörter und Formeln besitzen die Macht, Bilder hervorzurufen, und es gibt solche, die nach der Evokation sich abnützen und in der Seele nichts mehr erwecken. Sie bleiben dann bloße Schälle, deren Hauptnutzen darin besteht, jenen, die von ihnen Gebrauch machen, das Denken zu ersparen. Mit einem kleinen Vorrat von Formeln und Gemeinplätzen, die wir in der Jugend erlernten, besitzen wir alles, was man braucht, um ohne die ermüdende Notwendigkeit, über irgend etwas nachdenken zu müssen, durchs Leben zu gehen."

„Die magische Gewalt" der Wörter mag eine Zeit lang wirken, dann aber verliert sich ihre Gewalt und sie müssen neu belebt werden, mit argen Übertreibungen. Aus jedem Hochwasser wird dann eine „Hochwasserkatastrophe", aus warmen Temperaturen eine „Klimakatastrophe", aus jedem Unfall ein „Horrorunfall". Superla-

tive sind allgegenwärtig um die Aufmerksamkeit des Publikums aufrecht zu erhalten.

Manche Wörter verschwinden, ihr Verschwinden befreit von der Notwendigkeit zu differenzieren und nachzudenken. Eines dieser Wörter ist „konservativ". An die Stelle dieses Wortes treten, je nach Intention des Schreibenden oder Sprechenden, die diffamierenden Bezeichnungen „rassistisch", „rechts", „populistisch", „frauenfeindlich" oder „hetzerisch".

Wenn islamische Extremisten einen terroristischen Anschlag begehen, wird daraus ein „Streit"[56], wenn sie Messerstechereien verüben, benennen die Medien nicht die Täter, sondern anonymisieren sie als „Männer". Wenn „Antifa"-Kämpfer Andersdenkende mit Gewalt bekämpfen, handelt es sich um „Auseinandersetzungen".

Es sind Gemeinplätze, sie bewahren uns vor der „ermüdenden Notwendigkeit, über irgend etwas nachdenken zu müssen." Und Politiker benutzen ihre stereotypen Floskeln („Wörter und Formeln"), um nach Naturkatastrophen oder Terroranschlägen ihrer „Betroffenheit" Ausdruck zu verleihen: Sie sind „zutiefst betroffen", die Menschen habe ein „tragischer Tod" ereilt oder es handele sich um eine „menschliche Katastrophe".[57]

---

[56] ZDF-Heute am 7. Januar 2020 zum fünften Jahrestag des Mord-Anschlags auf „Charlie Hebdo", später geändert in „Konflikt", was es auch nicht besser macht.

[57] Aus zahlreichen „Floskel-Phrasen-Bullshit-Bingos", beispielsweise auf twitter, lassen sich unendlich viele Betroffenheits-Varianten zusammenstellen.

Meinungsbildung

Es „wird die Macht der Massen immer größer und ermangelt immer mehr des Gegengewichts, so dass die besondere Wandelbarkeit der Ideen, die wir bei ihr vorfanden, sich frei äußern kann. (…)

Endlich bringt die neuerdings so ausgebreitete Presse den Massen unaufhörlich die entgegengesetztesten Anschauungen vor Augen. Die von jeher zu erzeugende Suggestion wird bald von entgegengesetzten Suggestionen aufgehoben. Auf diese Weise kann sich eine Anschauung nicht ausbreiten und hat nur ein kurzes Dasein; sie ist tot, bevor sie sich hinlänglich verbreiten konnte, um allgemein zu werden.

Aus diesen mannigfachen Ursachen ist ein in der Weltgeschichte ganz neues Phänomen erwachsen, welches für unser Zeitalter durchaus charakteristisch ist; ich meine die Unfähigkeit der Regierungen zur Leitung der öffentlichen Meinung.

Einst, es ist nicht lange her, bildeten die Aktion der Regierung, der Einfluss einiger Schriftsteller und eine ganz geringe Zahl von Zeitungen die wahren Regulierer der öffentlichen Meinung. Heutzutage haben die Schriftsteller allen Einfluss eingebüßt, und die Zeitungen geben nur die öffentliche Meinung wieder. Und die Staatsmänner, weit entfernt, sie zu lenken, suchen ihr nur zu folgen, sie fürchten sich vor ihr oft schrecklich, was ihrem Handeln alle Festigkeit nimmt.

Die Meinung der Massen hat demnach die Tendenz, immer mehr zum obersten Regulator der Politik zu werden."

Hier hat sich seit den letzten einhundertfünfundzwanzig Jahren die Macht zur Beeinflussung der öffentlichen Meinung deutlich verschoben. Nicht die Massen, wie Le Bon es darstellt, sind heute oberste Regulatoren der Politik, sondern die „Staatsmänner", Hand in Hand mit den staatsnahen Medien, also fast allen, sie bestimmen die öffentliche Meinung.

Der öffentlich-rechtliche Rundfunk, zwangsfinanziert als Rundfunkbeitrag für jede Wohnung, unterliegt zwar der Rundfunkfreiheit, ist aber de facto ein Staatsfunk, da der Staat die Finanzierung sicherstellt und Vertreter des Staates in den Aufsichtsgremien des Rundfunks eine enge Bindung der Medienanstalten an die Obrigkeit gewährleisten.

Die übrigen Leitmedien, Zeitungen und Magazine, fallen heute, im Gegensatz zu vergangenen Jahrzehnten, auch nicht durch Kritik an der Regierung auf. Deutlich wird dies in den Bundespressekonferenzen, in denen die Beteiligten der Medien, es fällt mir schwer, von Journalisten zu sprechen, die Beteiligten also, fast alle, bis auf wenige Ausnahmen, sie treten als Stichwortgeber der Regierungsvertreter auf und vermeiden es sorgfältig, kritische Fragen an die Regierung zu stellen. Es ist ein absurdes Theater, das dort geboten wird, das zudem, nach vorheriger Direktausstrahlung per Fernsehen, jetzt ohne Öffentlichkeit stattfindet, um jegliche Risiken zu vermei-

den, die entstehen könnten, wenn doch einer der Beteiligten eine unabgestimmte Frage stellte und die Unwissenheit oder Unwilligkeit der Regierungsvertreter, die Frage zu beantworten, offenbar würde.

Illusion und Realität

„Die Philosophie hat bei allen ihren Fortschritten es noch nicht vermocht, den Massen ein Ideal darzubieten, das sie reizen könnte; da sie aber um jeden Preis Illusionen haben müssen, so wenden sie sich, wie die Motte zum Licht, instinktiv den Rhetoren zu, die ihnen solche bieten. Der große Faktor der Völkerentwicklung war niemals die Wahrheit, sondern stets der Irrtum. Und wenn heute der Sozialismus so mächtig ist, so erklärt sich dies daraus, dass er die einzige noch lebendige Illusion darstellt. Trotz aller wissenschaftlichen Demonstrationen wächst er weiter. Seine Hauptstärke ist, dass er von Köpfen verteidigt wird, die die Wirklichkeit der Dinge genug verkennen, um den Menschen kühn das Glück zu versprechen. Die soziale Illusion herrscht heute auf allen aufgetürmten Ruinen der Vergangenheit, und ihr gehört die Zukunft. Niemals hatten die Massen den Wahrheitsdurst. Von den ihnen missfallenden Tatsachen wenden sie sich ab und ziehen es vor, den Irrtum zu vergöttern, wenn er sie verführt. Wer sie zu illusionieren vermag, wird leicht ihr Herr; wer sie zu desillusionieren sucht, wird stets ihr Opfer."

Auch heute herrscht, immer noch oder schon wieder, die „soziale Illusion", der Sozialismus, so wie Le Bon ihn beschrieben hat.

Es ist blanker Sozialismus, wenn das Bildungssystem, das Rentensystem und das Gesundheitssystem ver-

staatlicht sind, wenn eine Staatsquote über 50 Prozent die Eigeninitiative und Eigenverantwortlichkeit der Bürger drastisch beschneidet, wenn fast die Hälfte der Bevölkerung von staatlichen Transferleistungen abhängig ist, wenn der Staat die Preise für Energie maßgeblich durch Steuern und Abgaben festlegt, wenn Zwangsgebühren für den staatlichen Rundfunk bezahlt werden müssen, es ist Sozialismus, wenn die Bürger mit Steuern und Abgaben herangezogen werden, das Weltklima zu retten, wenn sie Korruption und Nepotismus in Afrika finanzieren müssen, es ist Sozialismus, wenn die Regierenden die Zukunft für planbar ansehen und meinen, die gesellschaftliche Entwicklung steuern zu müssen. Bürokraten gestalten die Zukunft.

„Wer (die Massen) zu illusionieren vermag, wird leicht ihr Herr", konstatiert Le Bon, und er kennzeichnet auch damit die heutige Situation: Die Herrschenden verkünden immer wieder Illusionen, kulminierend in der Bemerkung A. Merkels, den ungehinderten Zustrom von Migranten von allüberall während mehrerer Jahre als nebensächlich darzustellen: „Wir schaffen das!"

Die Integration der Migranten scheitert, und immer wieder scheitert der Sozialismus, hier und überall in der Welt, und die Regierenden schüren unerschüttert die *neue Illusion: Das nächste Mal wird alles besser. Das ist Torheit, die Torheit der Regierenden und der Massen.*[58]

---

[58] Die US-amerikanische Historikerin Barbara Tuchman hat im Jahr 1984 ein Buch mit dem Titel „Die Torheit der Regierenden" vorgelegt, das vom verhängnisvollen Scheitern der Trojaner infolge griechischer List bis zum Scheitern der USA in Vietnam handelt. In der Eingangsbemerkung schreibt Tuchman: „Die gesamte Geschichte, unabhängig von Zeit und Ort, durchzieht das Phänomen, dass Regierungen und Regierende eine Politik betreiben, die den eigenen Interessen zuwiderläuft. (…) Weisheit, die man definieren könnte als den Gebrauch der Urteilskraft auf der Grundlage von Erfahrung, gesundem Menschenverstand und verfügbarer Information, kommt in dieser Sphäre weniger zur Geltung und ihre Wirkung wird häufiger vereitelt, als es wünschenswert wäre." A..a.O., Frankfurt am Main, 1984, S. 11.
Es bleibt anzumerken: Die Massen lassen die Toren gewähren.

Dummheit

„Die meisten Menschen, besonders die zur Volksmenge gehörigen, haben außer ihrem Berufskreis von
nichts eine klare und richtige Vorstellung. Sie sind nicht
imstande, sich selbst zu leiten. So dient ihnen der Führer
als Leiter. Er kann zur Not, aber nur unzureichend, durch
jene periodischen Erscheinungen ersetzt werden, welche
für ihre Leser Meinungen fabrizieren und ihnen jene
Phrasen darbieten, welche alles Denken ersparen."

*Die Beschwernis, „von nichts eine klare und rich-
tige Vorstellung" zu haben, ist weit verbreitet, nicht nur
bei denjenigen, die zur „Volksmenge" gehören. Auch die
Regierenden dokumentieren dieses Leiden eindrücklich.*

*Die heutigen „periodischen Erscheinungen", die
regierungshörigen Medien, sorgen jedoch dafür, dass die
Defizite der Regierenden nicht offen zutage treten.[59]*

---

[59] Wenige Beispiele in Stichworten mögen dies belegen: Die Staatsministe-
rin und Beauftragte der Bundesregierung für Digitalisierung zeigt, dass ihr
die Frauenförderung wichtig, Digitalisierung hingegen nachrangig bleiben
wird (Versagen der Corona-App, „Kampf gegen Fake-News"); der Bundesminister für Verkehr und digitale Infrastruktur ist ihr ebenbürtig; der
Bundesminister für Wirtschaft und Energie vergisst, dass die Elektrifizie-
rung des Automobilverkehrs zusätzliche Kapazitäten der Stromerzeugung
und -verteilung benötigt; und der Bundesminister für Gesundheit versagt
auf ganzer Linie angesichts der Virus-Bekämpfung bei der Beschaffung von
Schutzmasken und Impfstoffen. Die Bundeskanzlerin offenbart im Bundestag am 23. Juni 2021, dass sie nach eineinhalb Jahren der „Corona-Bekämp-
fung" immer noch nicht verstanden hat, was der Ct-Wert, einer der zentralen
Werte zur Beurteilung der Viruslast, bedeutet. (ein hoher Ct-Wert weist auf
eine geringe Viruslast hin).

Einst, bis etwa zur Mitte der 1990-iger Jahre, haben die Gazetten und sogar manche Fernsehanstalten recherchiert, haben Sachverhalte kritisch hinterfragt, aufgeklärt, Skandale öffentlich gemacht, sich nicht gemein gemacht mit den Mächtigen, heute dagegen zeigen sie sich charakterlos, beliebig, sind zu Sprachrohren der Herrschenden geworden. Eine kritische Öffentlichkeit zeigen sie nicht mehr: Die „Frankfurter Rundschau", die „Frankfurter Allgemeine Zeitung", die „Süddeutsche Zeitung", „Die Zeit", „Der Spiegel" und die öffentlich-rechtlichen Fernsehanstalten, sie alle sind auf die sozialistische Einheitsmeinung eingeschwenkt.

Diskussionen, oder gar Meinungsstreit, sind verpönt, stattdessen fabrizieren sie Meinungen im Einklang mit den Herrschenden und stellen das Publikum ruhig, indem sie von wichtigen Themen ablenken und Unwichtiges als bedeutend herausstellen.

Die „Tagesschau" beginnt ihre 20 Uhr-Sendung mit einem fünfminütigen Beitrag darüber, dass jemand in Tokio bei Olympischen Spielen 7 Meter weit gesprungen ist, der „Spiegel" verbreitet sich ausführlich darüber, dass es schwierig sei, mit Hochbegabten eine Partnerschaft einzugehen, die „Zeit" lässt sich darüber aus, wer wen sexuell belästigt habe, und so weiter...

Barbaren

„Das Individuum ist nicht mehr es selbst, ist ein willenloser Automat geworden.

Ferner steigt durch die bloße Zugehörigkeit zu einer organisierten Masse der Mensch mehrere Stufen auf der Leiter der Zivilisation herab. Isoliert war er vielleicht ein gebildetes Individuum, in der Masse ist er ein Barbar, d. h. ein Instinktwesen. (…)

Die Kultur ist jetzt ohne Festigkeit und allen Zufällen preisgegeben. Der Plebs herrscht, und die Barbaren dringen vor. Noch kann die Zivilisation glänzend erscheinen, weil sie die von einer langen Vergangenheit geschaffene äußere Fassade besitzt, in Wahrheit aber ist sie ein wurmstichiger Bau, der keine Stütze hat und beim ersten Sturm zusammenbrechen wird.

Von der Barbarei zur Zivilisation, in Verfolg eines Traumes, dann, sobald dieser Traum seine Kraft eingebüßt, niedergehen und sterben - das ist der Zyklus eines Volkslebens.“

Le Bons Buch endet mit einem pessimistischen Ausblick. Zur Zeit der Niederschrift seines Buches erscheint die Zivilisation tatsächlich noch glänzend, ist aber, das wissen wir Nachgeborenen, schon ein wurmstichiger Bau und bricht bald zusammen.

Vor rund 10 Jahren schreibt Guido Westerwelle, damals Außenminister und Bundesvorsitzender der FDP, einen Gastkommentar in der „Welt“, für den er vehement gescholten wird: Es gebe kein Leistungsprinzip mehr, schon in den Schulen nicht, diejenigen, die es sich beim Empfang staatlicher Wohltaten gut gehen lassen, stünden besser da als jene der Mittelschicht, die regelmäßig zur Arbeit gehen. Westerwelles Beitrag kulminiert in dem Satz: „Wer dem Volk anstrengungslosen Wohlstand verspricht, lädt zu spätrömischer Dekadenz ein." [60] *Am Rande, zur Erinnerung: Das späte Rom fällt den Barbaren zum Opfer.*

Die spätrömische Dekadenz ist hierzulande inzwischen endemisch.

Die Wirtschaft verliert mit immer weiteren bürokratischen Auflagen ihre Leistungsfähigkeit, die Infrastruktur ist bei der Stromversorgung, den Straßen, den Eisenbahnen und der digitalen Kommunikation angekränkelt, die Wissenschaft und Bildung, zur Zeit der Wende ins 20. Jahrhundert weltweit führend, sind im internationalen Vergleich jetzt weit abgeschlagen, die demokratischen Pfeiler des Landes sind bei der Rechtsprechung, besonders derjenigen des Verfassungsgerichts, und der ausufernden europäischen Kompetenzausweitung marode, die Kultur wird in der Oper, dem Film, dem Fernsehen und dem Radio von sozialistisch ausgerichteten „Kulturschaffenden" dominiert, die Währungsstabilität ist unterminiert, die innere und äußere Sicherheit der Bürger ist angesichts der nachlassenden militärischen Verteidigungsbereitschaft und der ungehinderten Masseneinwanderung von Menschen aus verrotteten Ländern bedroht.

---

[60] „Welt": Guido Westerwelle, „Vergesst die Mitte nicht", 11. Februar 2010

Immer weitere soziale Wohltaten halten die Bürger ruhig, noch, auf Kredit, bis sie merken, dass die folgenden Generationen dafür bezahlen müssen. Die Bürger werden abgelenkt mit Diskussionen über gendergerechte Sprache, Klimakatastrophen, auch wenn es sich um Hochwasser handelt und mit der Panikmache vor einem Virus, das zu keinem Zeitpunkt die Sterblichkeit erhöht hat.[61]

Das Virus wirkt jedoch auf andere Weise, nicht medizinisch. Es verdeutlicht, wie fatal es um die Geisteshaltung, die Blockwart-Mentalität der Deutschen bestellt ist. Eine breite Mehrheit (knapp 70 Prozent) will besondere Kontaktbeschränkungen für diejenigen, die nicht vollständig geimpft sind, nur Geimpfte dürfen demnach von ihren Grundrechten Gebrauch machen.[62] *Das gesunde Volksempfinden ist erschreckend, denn es zeigt, dass das Fundament der freiheitlich-demokratischen Grundordnung brüchig ist (und vielleicht auch nie sicher getragen hat).*

Wir müssen nicht darauf warten, dass die Barbaren den „Zyklus eines Volkslebens" beenden. Die Barbaren sind hier, wir sind es selber.

---

[61] Siehe zur Panikmache: Holger Schulz: „Angekränkeltes Land - Skizzen zweier Übel", Hamburg, 2021.

[62] dts Nachrichtenagentur: „Umfrage: Breite Mehrheit will Kontaktbeschränkungen für Ungeimpfte", 4. August 2021
„69 Prozent unterstützen einen entsprechenden Vorschlag, nur 28 Prozent finden das nicht richtig, so eine Forsa-Umfrage für RTL/ntv."

Zeitfracht Medien GmbH
Ferdinand-Jühlke-Straße 7
99095 Erfurt, Deutschland
produktsicherheit@kolibri360.de